◎主编 阮仪三

文化遗产保护与城市规划 丛书

姚子刚 庞艳◎著

南阳古镇

历史文化名镇的保护与发展

东方出版中心

总 序

阮仪三

与东方出版中心合作多年，不知不觉，所编著作渐成体系。《遗珠拾粹》（二卷本）可以说是把十多年来历史城镇的踏勘成果汇集成册；《从上海到澳门》则是近几年来我的学术团队最有代表性的项目成果集萃，但是囿于篇幅所限，这些很好的案例只能点到为止，未能深入展开，有点遗憾；《新场古镇》则比较系统全面地介绍了上海浦东新场的保护规划与实施成效，当时就想这应该是个开始，以这样的模式选择典型的项目可以再形成一个系列。

2015年年底在东方出版中心戴欣倍编辑和上海同济城市规划设计研究院名城所林林博士的策划下，计划以我为主编形成"文化遗产保护与城市规划"丛书，把同济规划院关于城市遗产保护的典范案例推出一个系列，第一批有河北正定古城、新疆莎车古城、山东南阳古镇、河南开封古城。这些项目的负责人与著作者都是我的弟子，他们年轻且富有精力，从各个方面致力于城市遗产保护与规划；这些项目都取得了很好的成效，值得总结与推广，也展现出同济规划的特色，所以本书系的出版也得到了上海同济城市规划设计研究院的大力支持与资助。

2016年以来，中央对文物保护、城市规划建设管理工作作出了一系列的重要指示。习近平总书记就说过，历史文化是城市的灵魂，要像爱惜自己的生命一样保护好城市历史文化遗产。这让我们倍感振奋。大家可以看到，丛书的案例都是古城古镇，它们的保护与发展其实有着不同的路径，这是由于它们的价值特色、资源禀赋、实施条件各有不同，而保护规划正是基于这些条件而"量身定做"的。一个好的规划既要有远见，也要有实效；既要讲科学，也要有情怀。

正定是个非常有价值与特色的古城，城内有唐代开元寺钟楼、宋代隆兴寺等国家级文物保护单位，古塔古寺所构成的古城轮廓线非常优美，但是要把这个重要的历史景观保持下去非常不易，要对古城的整体格局与风貌以及古城周边的区域加以严格控制。河北省各级政府都非常重视正定古城的保护，近些年重点文物的修缮、主要街景的整治都在按规划有序进行，取得了不错的成效，希望能不断坚持下去。

莎车古城的保护规划是上海市援疆规划工作的重大项目，很有意义。新疆的大部分历史城镇不同于内地的古城古镇，具有浓郁的民族特色与风情，但是由于语言的差异，可供参考的汉语资料不多，这就要求规划人员对古城有充分的调研。上海同济城市规划设计研究院规划设计四所张恺所长带领的规划团队为此付出了大量的人力物力，掌握了宝贵的一手资料，而这正是一个好的保护规划所必须具备的条件与过程。

南阳古镇是我在带队调研大运河时发现的，然后为其作了保护规划。南阳是历史上著名的运河名镇，它的特殊之处在于不仅具有典型的运河文化，同时具有显著的湖岛文化，至今留存了古运河的遗构如南阳闸、建闸、康熙下榻处、御宴房，还有当年的钱庄、清真寺、河神庙等。南阳古镇就像是镶嵌在大运河、微山湖内的一颗璀璨明珠，至今进出古镇依然要依靠船只作为唯一的交通工具。古镇的历史遗存比较丰富，按照保护规划实施以后有明显的实效，可惜还是知名度不够。南阳古镇并不比台儿庄差，已建有湖光潋滟的宾馆，真可以去观赏、休闲。

至于开封古城，从北宋东京城也就是今天的开封城开始，城市格局打破了封闭的里坊制，而变成街道两侧出现商业的街坊制，这在中国城市建设史上具有划时代的意义。开封古城的格局保存至今还算比较完整，城市中轴线千年以来也没有变过。上海同济城市规划设计研究院规划设计五所与名城所合作为开封古城作过很多规划，从宋城保护复兴规划到古城区控制性详细规划，再到双龙巷历史文化街区的保护规划，为开封古城的保护奠定了良好的基础。按照这些规划，近些年古城内历史水系的恢复、历史街区的整治都陆续进行，取得了不同以往的成效，古城保护大有可为。

是为序。

发现南阳

（前言）

京杭大运河始凿于春秋，盛于隋唐，延至明清，是我国古代劳动人民的一项伟大工程和创造。大运河的开通和兴盛，对运河沿线城市的社会、经济、文化发展起到了举足轻重的作用。运河城市随运河而生，随运河而兴，无论在城市格局、建筑、规模、风貌，还是在综合文化内涵与人文气质等方面都受到运河大动脉的滋养。

济宁是京杭大运河沿岸的重要节点城市，也是元、明、清三代的漕河管理中心，被誉为"中国运河之都"。运河的开通和兴盛，曾把济宁的商业文明推向了鼎盛时期。

如果说济宁是"中国运河之都"，那么南阳古镇就是这颗皇冠上最璀璨的明珠。历史上曾有"运河四大名镇"，它们分别是：扬州、镇江、夏镇、南阳。历史上的四大名镇，是中国古运河沿线村镇的鲜活范例和杰出代表，同时也体现着运河文化遗产的特殊价值。

岁月变迁，时光荏苒，历史上运河四大古镇中的扬州、镇江、夏镇均已发展成了繁华的都市或者县城，而只有南阳古镇，至今仍保留着原生态的运河市镇的格局；同时也保留着原生态的运河文化，可以被称为"活的运河博物馆"。随着京杭大运河的申遗成功，对于南阳古镇的科学保护和合理发展，更具有了典型的"样本"和"孤本"的重大意义。

溯源南阳古镇，它每一步的发展均深深打下了"运河文化"的烙印。大运河为南阳古镇提供了一条开放交流的通道，使得南阳"南通江淮，北达幽燕"。大运河对于南阳古镇而言，"不是生母，就是乳娘"，它孕育了南阳的多元文化，成就了南阳的持续繁荣。运河文化中，集漕运、商贸、手工业和农业商品化的影响于一体，吸纳了吴越文化、齐鲁文化和燕赵文化的精髓，对南阳的经济和社会、文化生活产生深远的影响。同时，相比较于其他运河古镇，南阳古镇又具有独一无二的"湖岛文化"和"渔家文化"，形成了不可复制的历史文化遗产价值和特色所在。

南阳古镇有着特殊的历史发展与地势演变过程。在元代，元至顺二年（1331年）在与古老的泗水重合的京杭大运河上重建南阳闸后，南阳镇便小有名气，逐渐发展为商埠重镇。到了明代中期，南阳便已成为古运河畔四大名镇之一，镇名可见于嘉靖二十九年（1550年）《重修正觉寺碑文》。南阳镇由陆地变成湖中之岛是在清初，数十年间，南阳这座兴旺的运河码头和集镇，经常处于南北逆流的不断侵袭和威胁之中，时而被围困，时而被水淹，迫使当地筑坝，使得地势不断提高，以免遭沉没。南阳镇终于在昭阳湖、独山湖与南阳湖的衔接处，四面环水地存留在运河两堤上，以宽阔的运河河面为"街面"，南阳遂成为湖中之岛，与陆隔绝，显示出它独特的自然景观。

南阳镇对于大运河来说，是具有突出典范的运河名镇，是运河过去与现在的"见证者"。在商业繁华的明清时期，历史上古镇曾有新河神庙、杰阁跨河、魁星楼、关帝庙、长桥卧波等多处名胜古迹。虽经岁月洗礼，至今仍保留着部分历史遗存。镇上店铺林立，渔民濒河而居，排船织网，下湖捉鱼，采莲摘菱，悠然垂钓。清碧的运河，古朴的民风，狭窄的街巷……处处洋溢着古镇的独特韵味和渔家风情，体现了江北水乡"天人合一"和谐共生的生存理念。

因此，运河名镇——南阳古镇是京杭大运河遗产的重要载体，是大微山湖村岛聚落演变的缩影，是呈现鲁西南渔家居民生活的真实画卷，是展示人类历史发展和文化交融的鲜活样本。

目 录

第一章

运河名镇

提起南阳古镇，也许知道的人并不多，而提到物阜地美的微山湖——华北平原上最大的淡水湖，则因为《铁道游击队之歌》而声名赫赫，人们称它是"日出斗金"的百宝库。南阳古镇，就是这百宝库中一颗最耀眼的明珠。

南阳古镇，位于山东省济宁市微山县西北部，古老的京杭大运河穿镇而过。狭长的古镇，远远望去，犹如一把绿色的琵琶，静静地斜放在碧波荡漾、浩淼迷蒙的微山湖中，沉静优雅，古老从容，细细地向人们诉说着古镇的往事。

南阳古镇整体鸟瞰图

一、运河孕育之镇

南阳古镇的历史可以追溯到2200多年前的战国时期。据《孟子·告子下》载，孟子曾说："不教民而用之，谓之殃民，殃民者，不容于尧舜之世。一战胜齐，虽有南阳，然且不可。"《史记·越王勾践世家》中记载，越王曾表示："愿魏以聚大梁之下，愿齐之试兵南阳、莒地，以聚常、郯之境。"虽然在战国时期，南阳就已存在，且具有重要的战略地位，乃古代楚、鲁兵家必争之地，然而此时的南阳常有水患，加之战乱，一度造成南阳人烟荒芜。

悠久的古镇历史伴随着大运河的流淌，在城市记忆中刻下了南阳的多元文化鲜活的发展历程。南阳古镇因运河的兴盛而繁荣，其变迁发展与运河命运可谓休戚相关。

直至唐武德七年（624年），山东境内的运河由西向东迁，引汶、泗二水至济宁，再南北分流，南下顺天然的泗水下流，过南阳，经徐州南达江淮。到了宋代，南阳已成为泗水岸边的较大村镇；至元十九年（1282年）开凿济州河时，建南阳闸，紧接着至元三十年（1293年）南北大运河通航后，南阳成为运河岸边的重要商埠。京杭大运河穿微山湖而过，使得南阳镇在昭阳湖、独山湖与南阳湖的衔接处，四面环水地存留在运河两堤上，脱颖而出。南阳丰富的水产品随之运往各地，附近物资均在此聚集中转，生意兴隆，贸易往来频繁，使得南阳迅速发展成为水上运输和商品交易的交会点。到了明代中期，与夏镇、扬州、镇江并称古运河畔"四大名镇"，沿运河航行的官船和商船都要在此停留，南阳成为当时著名的商埠码头，并达到鼎盛。清代，南阳镇愈加繁盛，清政府专设守备常驻镇上，设置管河主簿专管防务、监运税收，管理运河水闸，接送保护皇粮，南阳变成了名副其实的水中城市，一时有"小济宁"之称。

运河晨曦

明清时代的南阳曾经是那样一座满眼繁华、熙来攘往、热闹非凡的商埠，京杭运河穿梭其中。明隆庆元年（1567年）漕运新渠竣工，南阳镇成为过往渔船、酒船、运粮船的码头，是时"桅樯林立，篷帆遮云"。货船将北方的大豆、土布、羊皮、煤炭输送到江南，回船载满糖、纸、竹器、瓷器和丝绸……这座昔日的"江北小苏州"在历史上似乎总是受到帝王的垂爱。在京杭运河上百舸争流的年代，康、乾两帝南巡必经南阳，常在此停居数日，并留下许多历史遗迹。康熙御笔题写的"南阳镇"，成为南阳古镇丰厚历史的注脚。曾为乾隆做过136道菜的"御膳房"至今仍完好无损。明清时期的文人们在游历南阳之后，留下了隽秀逸美的诗章，记录下南阳昔日的繁华，现在读来，还是能产生共鸣。古人和今人的心灵深处是相通的，读他们的诗，可以读出他们的情感，看出他们掩饰不住对南阳的喜爱。一首是清代冯振鸿的《长桥卧波》"千顷波澄碧，晴光潋滟生。迎风开晓境，夹水卧长鲸。山色当前好，村烟两岸明。居民无病涉，斯独慰予情。"诗中写不尽湖光山色的美景，也写不尽对南阳镇的向往。另一首是清

湖光渔影

代翁叔元的《南阳河干与马扶九赠别》："霜帆东挂意纷然，去者劳劳往者仙。记取河干分手处，半环新月晓看鲜。西湖春雪水平流，妆镜初开正可游。期在桃花三月来，烟波南望古人舟。"字里行间流露出朋友之间深厚的情谊，在秋天依依惜别，期望春天能相聚于南阳湖。此外，清代张玉书的诗《过南阳》最能代表这座古镇给人们留下的印象："漕运源流长，堤柳半成行。吟罢江南句，熏风扑面凉。"

二、水乡圆梦之镇

随着岁月的流逝，历史变迁，梦是如今南阳这座古镇幸福的载体。

1911年，津浦铁路通车，古运河的水上运输渐渐失去了活力，加之湖中淤泥日深，航道中断，南阳古镇也日渐失去了昔日的辉煌。随着运河水流的干涸，运河上的樯桅消逝了，古镇上的繁华流失了……然而大自然留给古镇的动人美景，依旧在眼前。

南阳古镇是和梦紧紧联系在一起的。这里有属于不同人的水乡梦。

南阳古镇四面环水，除南阳岛外，周围湖面上分布着诸多自然岛屿，远远望去，湖水托起的一个个小岛，屋舍俨然，仿佛童话中神奇的泽国水乡。这些小岛上星罗棋布地散落着大大小小的渔村，或以莲荷相接，或以苇田相连，或以明水相通，水陆交错，组成了这座风景秀美的水乡古镇。

古镇人家，或临河筑屋，或面湖而居；门前院后，一片碧波。人们的交往除了隔岸吆喝、行船欢唱外，就靠一座座石砌的拱桥，桥下桨声款款，桥上集市闹忙，人声喧闹，自成风景。这里古风犹存，民情醇厚，是古运河养育出南阳人不以物喜、不以己悲的性格。这里的人有着梦一般的生活情趣，令人梦幻萦绕。清代诗人赵执信曾写诗赞道："疑是桃花源，参差出人家。"

古镇上的居民勤劳淳朴，他们多以经商、船运为生，旭日初升，湖面好风和顺，人们纷纷扬帆下湖，开始一天的营生。经商的船儿走得更早，船主们往往在夜半时分，就驾船消失在茫茫湖面上。居民们春天捕鱼牧鹅，夏天打草编筐，秋天采菱摘藕，冬天狩猎打鸭，日子过得从容、惬意。即使是生活条件一般，也不亏待自己，他们崇尚自在的生活方式，将大把的时间投入到生命的每个细节之中。

　　古镇周边的山水远胜皇家后院，帝王在这里找到欢乐。1757年，乾隆皇帝携宫人乘坐龙舟沿运河南下巡视。恰逢中秋时节，龙舟行驶到南阳湖北面万亩荷花地，荷花盛开，清香扑鼻，水天一色的美景，映入眼帘，乾隆顿生留恋之感，急忙命船慢行，以饱览这无限绚丽的景色。不知不觉中龙舟驶入南阳，已是灯火阑珊，悠远动听的渔歌萦绕耳旁，河边垂柳在月下摇曳，乾隆毫无倦意，被南阳美景所深深吸引。这虽为南阳传说，但南阳美景使帝王流连忘返的故事令人遐想。

　　古镇从不缺来光顾的文人，古镇的每一件风物都可以为他们带来灵感。诸如在《南阳减水闸石堤记》、《新河神庙碑记》中记述了南阳漕运、治理水利的历程。"及神像甫成，忽一人外至云：夜梦神人，两与索须，不知所谓。及视之，所乏者此。遂截发奉神而去，若天赐然。此又神功一验。推此以保护新河，将垂休万古弗替也。而官保公开创之功，感格之诚，亦自不可泯者。"可见文人墨客们在这里边吟诗，边织梦。

　　不同的人来到南阳古镇，会从这儿的风土人情中得到自己的体验，会在这儿找到属于自己的梦。水乡古镇——南阳，是一幅陈年的画卷，就在我们眼前，就在我们身边……

第二章
南阳揽胜

南阳因位于泰山之南,亦有说群山(两城一带山脉)之南,泗水之北而得名。旧属鱼台,今属于山东省济宁市微山县,是一座因河而兴、四面临湖的江北水乡古镇。

南阳古镇现今尚保留有清代风貌建筑群 20 余处,民国风貌历史建筑 10 余座,以及南阳闸、利建闸、新河神庙遗址。南阳老街南北长约 1000 米,是运河沿线北方地区少有的保存完整的传统水乡古镇。

运河全图之南阳古镇

一、历史溯源

从战国时期的齐南阳邑，到清代的南阳县城，虽然朝代屡经更迭，南阳的区划不断变改，南阳古镇在河湖冲积中孕育，在先民辛勤劳作中成长，在运河文化中繁盛。

1. 河湖相融，镇岛合一

南阳古镇，北依济宁城区，南靠江苏丰沛，东临孔孟圣地曲阜、邹城，西通菏泽，处于昭阳、独山、南阳三湖交汇之地。古镇由南阳岛和散居湖中的80多个小岛屿组成，构成了"岛在水中，河在岛上，镇在湖内"的奇特的北方水乡格局。古镇拥有约15万亩的湖面，陆地较少。南阳岛形如琵琶，东西长约3500米，南北宽约200~500米，它的形成与其他小岛屿的形成各有不同。

明洪武元年（1368年），徐达北征开塌场口引黄入泗济运后，黄河屡经牛头河入泗。黄水、坡水潴积在南阳之北、运河之西，逐渐成湖。据《兖州府志》载："南阳湖……自开凿新河（漕运新渠）始蓄之为水柜，积潴不及昭阳什之二三而灌注过之，则居上游之功矣。"由此可见，在明隆庆元年（1567年），南阳湖已出现，面积不大，不及昭阳湖。自漕运新渠贯通后，原泗河运道的南阳至留城段淤积，南阳以北入泗的赵王河、洙水河等河道失去出路，加速了南阳湖面积的扩大。

万历三十二年（1604年），黄河决溢，上灌南阳，下冲李家口，南阳湖的面积扩大数倍。

清康熙乾隆时期，虽数次修筑横坝，以阻湖水北泛，但横坝骤毁，湖水北漫。至清咸丰年间，南阳湖向北延至石佛，向西越过牛头河，面积扩大10余倍。同治十二年（1873年），黄河大决直隶东明石庄户、漫牛头河、南阳湖，顺漕运新渠南下，马公堤、漕运新渠堤等尽被冲毁，南阳湖与独山湖、昭阳湖、微山湖连成一片，南阳遂变成如今的湖中之岛，称为南阳岛。

南阳岛为古泗河冲积物而形成，古运河纵贯其中，元至元二十年（1283年）纵穿南阳的泗河改造为南阳段运河，元至顺二年（1331年）建南阳闸，南阳逐渐发展为河湖相融的商埠重镇。

南阳岛周围自然岛屿的形成在南阳湖形成之前，这些岛屿曾作为战略要地，为南阳屯田驻军，它们以屯堡的形式出现，在大湖形成过程中便渐渐凸显成了隔水相望的岛屿景观。

南阳古镇，拥有浩渺的南阳湖，清澈的古运河，散落的绿岛，大湖、运河、小岛、古镇融为一体，成为独树一帜的自然与人文环境完美融合的地貌景致。

2. 因河兴镇，运河文化

自京杭运河出现以后，运河承担着漕粮运输和对外贸易的重要功能。因运河连接了南北各地不同的水系，又因水陆运输便捷，加上漕运的刺激，大运河沿岸的城镇得到了迅速发展，成了重要的商品集散地和运输重镇。由于这些运河城镇往往集中在水陆交通的要冲，具有很强的辐射能力，周边的地区在一定程度上自觉地或不自觉地接受它们的辐射，因此人口汇集到这些城镇，起到了壮大城镇的作用。换而言之，运河沿岸城镇成为某一地区的商品集散地时，各类人群涌入城镇，反过来又促进了城镇商品经济的发展，对推动商品经济走向繁荣起到了至关重要的作用。

南阳古镇是大运河济宁段沿线的重要历史城镇，在仅靠水路与外界连接的时代，随着运河漕运的兴盛逐渐发展，它的繁荣和辉煌与元明清时期济宁在运河漕运经济中的地位息息相关。

从元至元二十年（1283年）至清咸丰四年（1854年），572年间济宁作为京杭大运河山东沿岸最大的码头之一，始终是水运传输的重镇。济宁段大运河拥有元、明两代引汶济运、引泗济运的重要引水河道和两座重要水利设施，其中一座即是南阳的分水枢纽设施。元、明、清三朝均把治运最高机构设置在济宁，因此济宁城商业发达，城市繁荣，城内外曾园林遍布，有"运河之都"的美誉。受到运河重镇济宁强大辐射力的影响，济宁沿岸的运河古镇均十分繁盛，南阳古镇就是其中之一。在元代，由于修筑南阳闸，运河通行，南阳古镇名声渐起。到了明代中期，南北漕运贸易频繁，南阳成为运河四大名镇之一。至清代，南阳新河开通后，运河出徐州过台儿庄，经昭阳湖东岸至南阳，原设于谷亭的闸署、驿、递运所均移至南阳，后来守备及鱼台县管河主簿亦驻于南阳镇，从此古镇客商云集、货物山积，繁盛发达的景象可见一斑。在京杭运河上百舸争流的年代，每天清晨至黄昏，在穿镇而过的运河里，樯桅林立，篷帆蔽日。

由此可见，在中国古代，运河对于城市的兴起，特别是古代都城和工商业城市的形成发挥着特殊的作用。水运便利处往往发展为重要城镇，水运交通促进了沿岸商业的繁荣。

南阳古镇，碧水环绕，古运河穿岛而过，镇中主街与运河平行，运河两岸人家鳞次栉比，间有垂直于古运河河道的小巷沟通运河与湖泊。镇中央的古运河如同水乡中的河道，成为古镇重要的生活和运输通道。人们与河相依，临水而居，隔水嬉戏，运河两岸的桥头广场、河埠头成为古镇人日常生活中洗物、聚集、交流的主要场所。

悠悠运河，流入了南阳，成为居民的栖居之河。南阳古镇的空间格局极为独特，因水成街，因水成市，因水成镇，是一处与众不同的水乡古镇，是一处独一无二的运河古镇。运河文化系统是典型的人与自然亲和关系的系统。运河的贯通营造了鲜活的自然环境、生态环境，它的意义远远超越了防洪、排涝、灌溉和水运航道。运河作为流动的载体，与古镇相生相长，将漕运、商贸及融合的多元文化渗透到水乡人家中。古镇作为见证历史的居所，与运河相依相伴，将人类对于水空间的亲近、归属、群居的情感汇入到漫漫河流中。

3. 漕运嬗变，渔岛人家

京杭大运河在逐步形成的1000多年的历史时期内，始终是中国唯一的运输大动脉，成为封建王朝维持其封建统治须臾不可或缺的生命线，在元代之后的各个历史时期曾对中国的政治、经济、文化的发展发挥过巨大作用。直到19世纪，由于生态、政治、经济等因素的影响和制约，黄河改道北移，漕运废除，导致运河功能日渐丧失。各个河道由于普遍常年失修，河道渐涸，河床变窄，许多河段渐渐退化至无法通航。清末以来，随着南北铁路运输的开通，大运河作为运输大通道的历史使命中止了。断流的运河逐渐被农田蚕食，山东地区部分河段的河床甚至完全淤为平地，渐为居民开垦，"向之南北孔道，悉变为膏腴良田"。即使是相对水量较大的部分河段，也只能通行小型木船，运河的民间航运功能虽然维持到新中国成立初期，但是仍然阻止不了昔日繁华的古运河急剧衰落、湮废。

随着运河运输体系的解体，运河不再发挥南北经济联系的内河航道的主干道作用，长期依赖于交通运输而发展的运河沿线城镇均受到了影响而日渐衰落。南阳古镇随着运河漕运的中断，它的交通地理条件急剧恶化，传统的商业贸易地位日益下降，古镇渐渐失去了发展的动力，其衰落也不可避免。清代查慎行有《南阳镇》诗曰："五丈沟东望，陂湖极淼茫。杨桩支两畔，线溜走中央。古寺秋来废，平田潦后荒。船船载渔具，聊复免流亡。"诗中写南阳运河的地理形势，咏叹古寺荒废，农田变水泊，描绘出清代南阳的破败景象。

岁月流逝，流走了大运河上"河道帆樯如林，两岸货物堆积如山，客商、役夫往来如梭"的历史，留下了南阳湖面上的烟波浩渺、一湖碧波的美景，古镇由昔日喧闹繁华的市镇变为宁静安逸的家园。从湖面远远望去，南阳古镇窄窄的，长长的，浸润在静静的

15

南阳湖中。在它周围的湖面上，星罗棋布地散落着大大小小的渔村。这些渔村或三五家，或几十家。春来风暖柳绿，渔村如一颗颗珍珠镶嵌在古镇的周围。秋来风起霜红，满湖蒲苇金黄，渔村如一片片金叶躺在晶莹的绸缎上。

如今在悠远清澈的古运河里，在水天一色的南阳湖上，最有特色的就是湖面上成片成片的渔网了。它们在碧水蓝天的景色里，显得格外神奇美妙。过去，水面上尽是漕运时代的运河商帮，如今，见到的是成群结队的捕鱼船行。许多生活在岛上的渔民逐水而居，居水而渔，他们使用传统的渔箔，在湖上捕鱼，依水之深浅，确定箔之高低。这种传统的箔用苇秆、苘秆或竹条编成，再用胶丝线结成网片，最后用竹竿串边成网，就成为湖面上一道道独特的渔家风光。

漕运中止，南阳古镇昔日的繁盛烟消云散，就像海水退潮后，留下了沙滩本来的面目，古镇至今仍然处处散发着渔乡湖水的气息，岛上渔家仍然年复一年地保留着自己捕鱼拉网、下篮垂钓、摘菱采莲的古朴生活。

湖水盈盈，渔网密布

二、古镇风貌

古镇是点、线、面及自然基地要素的统一复合体,四要素存在于古镇不同层次的空间中,共同形成了每个古镇独特的个性和格局,而特有的空间格局与古镇的历史以及人文环境相互契合、相辅相成,从而成为传统文化的重要载体。对于运河古镇而言,就是指在现代环境中仍保留古代的基本特征,其环境、格局、建筑、历史遗存、传统氛围等均保存尚好,且因运河而兴的小城镇。运河发展史也是运河古镇的城市发展史,运河的空间变迁直接影响着运河古镇在广阔的区域中沿着有机的脉络而展开。

南阳是典型而独特的运河古镇,它的物质形态空间由四要素按特定构成关系排列组合而成,同时又存在不同层次要素之间的逐级叠构关系,从宏观、中观、微观三个层面来看,南阳古镇拥有视野开阔的湖泊和历史悠久的运河、一望无垠的绿岛,又有与河相依的街道,与水相通的巷道,以及枕水而居的院落和鳞次栉比的房屋,这些传统城镇景观处处体现出运河文明的基因顺着流淌的河水渗入到了古镇每一处,使得古镇的建筑风貌、物质空间形态,都深深地打上了运河的烙印。

1. 古镇格局

(1)湖岛环抱,与水相亲

南阳古镇周边,拥有辽阔的湖泊、密布的河网、成片的杨林、千顷的荷塘、大小的渔村、零落的岛屿。水天一色的湖岛景观,使南阳古镇成为四面环水的运河湖心古镇。与其他诸多由于受到城市化进程影响而导致地方特色丧失的运河古镇相比较,南阳古镇因其湖水环抱的特殊性,运河时代的传统风貌和空间格局被很好地保存下来。古镇里,老运河静静地流淌着,不时能看见当地居民摇曳着

南阳古镇规划总平面图

水天一色的湖岛景观

木桨穿行河中；古镇边，装载着货物的大船，伴着轰鸣的马达声，在南阳湖上呼啸而过。镇里有独门小院，有商铺庙宇，有亭台楼榭……青砖黛瓦的屋宇让人目不暇接，点缀在巷道间的青青垂柳倒映在水中，绿意盎然，处处掩映在碧波荡漾中。

（2）因河成市，临水而居

明清时期，京杭运河流经之处，南北各地的商人商帮纷纷在沿线城镇从事商业经营活动，从而形成了运河区域独具特色的商业文化。南阳古镇的商业道路网则是由运河码头而兴起的，沿河道路向东西方向延伸，构成了以古运河为中心，纵横交错的水路、陆路通商道路网。

元代以前的南阳仅有12户人家，元至顺二年（1331年）在会通河上建南阳闸，渐渐有了名气，到明中期，南阳成了镇。自此，南阳古镇内沿运河陆陆续续建起街道、店铺，商业逐渐繁荣，遂成为鱼台、金乡、邹县等县的货物集散地。在南阳古镇上，由于漕运、商船往来频繁，贸易兴旺，逐渐形成了三条与古运河平行的南北大街：一条为南阳古镇的商业主街，由北向南由南阳街、书院街和牌坊街串联而成；一条为顺河街，这条街道东侧紧邻运河，通过月河桥、状元桥、延德桥沟通运河东西两岸；另一条是东大街，即位于运河东岸。古镇里还有多条沿古运河向东西伸展的街巷，包括双火巷、单火巷、状元胡同等传统巷道，加上与商埠码头和西渔市连通的井子街、码头街，古镇形成了以古运河为主轴、"三纵三横"的鱼骨状街巷格局。原来在古镇西面还有一条小运粮河，相传是因为南阳岛上不耕种农作物，老百姓的粮食通过这条河道运输而得名。由于西庄台的城镇建设，河道与南阳湖水系阻隔而日渐干涸，后被填平以修筑镇区道路。与古运河平行的南阳街是古镇最主要的街道，它北通南阳闸，南接书院街，街巷均以青石板铺砌，街道两侧为石垒石阶，街边商号林立，有商人经营的粮行、当铺、杂货店、绸布店和竹物场，还有南阳人开设的客栈和渔市。在南阳街与古运河之间分布的是密密匝匝的商铺和住家，传统的横向院落与运河相垂直，沿街设店，形成前店后宅、下商上住的格局，住家后院紧邻顺河街，与运河相邻。河对岸为东大街，它是古运河东岸纵贯南北的交通要道，一南一北的月河桥、铁桥位于东大街的两端，这街与南阳湖之间均是东西向临街而建的住家院落，居民面水而居，沿街设置入户门楼，家家户户入口处都有花草绿树映衬。在若干组院落之间有横向巷道连通南阳湖与古运河，方便居民生活出行。古镇上的居民多以渔业为生，打捞的鱼虾、莲藕需要尽快销售，故古镇上天天夜市，渔市上灯火点点，交易繁忙。南阳古镇丰富的水产品除了内部交易之外，也随船运往各地，买卖兴盛，贸易不绝。

整座古镇在这样"河边住，水上行"的生活交往模式中，沿着中央的古运河和相邻的临水街道渐渐发展繁荣起来。

连接运河两岸的状元桥、延德桥周边开设有商铺、茶楼，成为古镇的中心。状元桥东岸曾有南阳古镇著名的历史景观，也是"鱼台八景"之一的"杰阁跨河"。杰阁即文昌阁，清乾隆三十七年(1772年)建。阁右跨漕河，左抱独山，高联魁斗，气势雄伟，实为巧夺天工。登临俯视，凫峰长桥，一览无余。据康熙版《鱼台县志》载："岁随丁致祭，品用三牲，礼杀如此者，以非奉明旨祀于学宫故也。"在延德桥西岸的不沾地旗杆是清代康熙年间，一马姓人家因相继考取文武两举人而竖立的双旗杆。旗杆座是由两块石头扣合在一起，旗杆不沾地，这里至今尚存部分古建筑。相传，康熙、乾隆皇帝南巡都在此停留或居住过，康熙皇帝还赐予一个滚龙门槛，传说在清代，看到这个门槛，就知道皇帝在此住过，不论官多大，走到这里都要行大礼，文官下轿，武官下马。如今，虽然这些特有的景点所存寥寥，但是曾经跨河欢闹、河市繁忙的景象仍然被镇上的老人们所津津乐道。

状元桥

2. 建筑环境

南阳古镇的传统建筑，前沿街，后连院，背靠水，不受北方合院建筑形制的约束，不拘泥于南北朝向，往往都是横向成片分布，随着古运河的流向而有序排列。这样的北方水乡的建筑环境与城镇历史发展脉络、地域文化特色和人们的生活方式紧密联系。

（1）与河相生的院落船家

古镇上居住着商人、手工业者和渔民，他们的居住方式无论是陆居还是水居，均与河、水相关。傍河而住即为古镇陆居的形式，房屋多是青石砖瓦和木质结构的古式建筑，街道为青石板铺砌，房屋均石垒台阶，厦檐伸出街面，房后为住家院落，院落屋后便是运河航道。每晚各家挑出罩灯，街上灯火辉煌。古镇四周的湖中渔民，常常是逐水而居，即逐水而船居，旧时为窝篷船，现为楼子船。一家老小生活和生产所共用的窝篷船也叫连家船、座船、家小船，大小不等，大的为二三丈的网船，小则七尺不足的小舟，还有不大不小的划子。连家船前舱储藏物品，中舱住人，后舱安放炊具，锅碗瓢盆，油盐酱醋，锅灶上搁一板为案板。中舱又分两个舱，前边的一个分两层，下层住老人，上层住小孩，后边的一个是女孩的闺房或儿子、儿媳的卧室。窄狭的后舱则养着活鱼，艄后笼养鹅鸭，网、罱、罾、箔、鱼叉、篙棹置于舱顶或舷上。

（2）东西向合院式运河民居

南阳古镇的民居建筑朝向没有正南正北，大都顺河向而建。有人说是南阳人自古经商，崇尚风水学说，因商属金，南方属火，火克金，故而门朝南开不吉利，朝北开叫败北，门也不宜朝北开启。也有人说是民间造房害怕犯"忌"而获罪，因为帝王座位坐北朝南，南面称尊，皇帝常常光临南阳，聪明的南阳人就沿泗河向，后改建为沿运河的河向而建。无论何种解释，都可以看出南阳古镇民居院落的独特性。民居形式基本上是东西向合院，有三合院、四合院的形制，有一进或者两进的层次，有前商后宅或者前门后院的布局方式，商业用房多为两层，居民住宅主要为一层。沿着南阳街，两边的商铺房屋厦檐几乎对接，所以南阳街上有"晴不见日，雨不漏水"之说。

南阳最有特色的建筑环境当数书院街和状元胡同一带，院落户户

书院街景

毗邻，前面街后靠河或前临河后跨院，这些保留下来的宅院是古镇明清历史街区的突出代表，是古运河沿岸居住聚落发展的文化缩影。

在状元胡同北侧的堂房，是典型的南阳地区明清时期传统民居的格局，原为完整的两进院落布局，入口处有门楼，为倒座形式，现在仅仅剩下一处厢房，从这幢遗存下来的历经沧桑的建筑外立面中依稀可见当年堂房建筑群的规整有序。

堂房保留建筑

堂房建筑墀头砖雕

堂房建筑屋脊牡丹雕花装饰

在书院街北侧，背靠着顺河街的是清代钱庄。这组合院建筑是县级文物保护单位，经过修缮后重新焕发了生机。走进钱庄，发现它是典型的前店后宅的布局形式，东西合院顺河展开。沿街是合院的入口，是商铺，也是历史上钱庄的门厅，建筑背面开一门洞通往后院，门洞处有一双坡门楼装饰。商铺两侧为厢房，一高一低，左右对称，相传保留下来的二层高的厢房为金库，是以前用来储藏金币的房间。院子后部为正房。正房一侧有通道连通内部三合院和住家后院空间，这些空间中有之前的掌柜房、账房等功能，后院砌筑砖院墙与运河相隔。院墙中部设有一门楼通向古运河畔，建筑空间精致、巧妙。穿过钱庄后院，来到运河边，一边是沿河的宅，宅前有花园菜圃；一边是静静流淌的古运河，绿柳拂水，百花争艳，户户相接，院院相连，古镇美景尽收眼前。这样的居住模式生动反映了京杭运河从明清漕运繁盛到近代运输文化的变迁，住家毗邻运河，开辟内院，营建街市，创造出独具特色的、富有情趣的运河民居家园。

清代钱庄

钱庄厢房

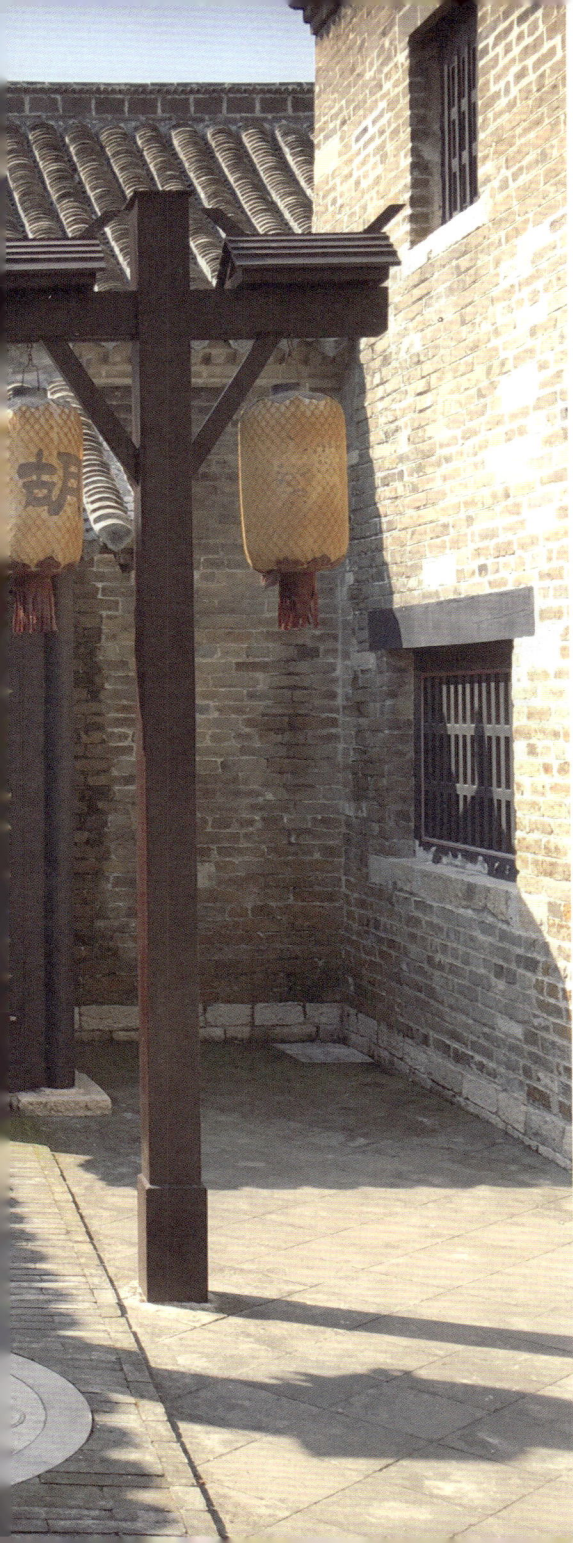

钱庄内院

钱庄设有通往运河的门楼

钱庄沿运河门楼及其砖院墙

古镇的传统民居为黑砖墙小青瓦，融南汇北风格。建筑多为双坡，屋脊上有象征吉祥之意的砖雕、瓦饰设计。诸如：鱼（谐音余），象征吉庆有余；荷花，象征和谐美满；祥云，象征祥瑞幸福等。雕刻的水草、水鸟，还有防火的寓意。民居建筑山墙侧多有墀头，墀头为砖石叠砌出挑，一般都有精美的雕刻图纹，图纹为"喜"字或"万"字符装饰。建筑墙身点缀有白色的过墙石，基座为米色石材。建筑中的木柱均有石柱础，柱础形态多样，有鼓式、覆盆式等，表面施以简单的花纹和线条装饰，图案生动活泼。传统民居的门窗洞口有矩形或拱形的，门以木板形式为主，窗扇多为棂格木质窗，木窗表面平整，部分有浅浮雕纹饰，纹饰的变化丰富、题材多样，有花鸟、动物、吉祥图案及反映运河风土人情的内容等。门窗洞上方过梁为砖砌、石砌方形、拱形形式或木质横过梁形式等。门洞上方或两侧有不同纹理的石刻或砖叠砌装饰，显得朴素淡雅。

34

传统建筑特色细部引导之一

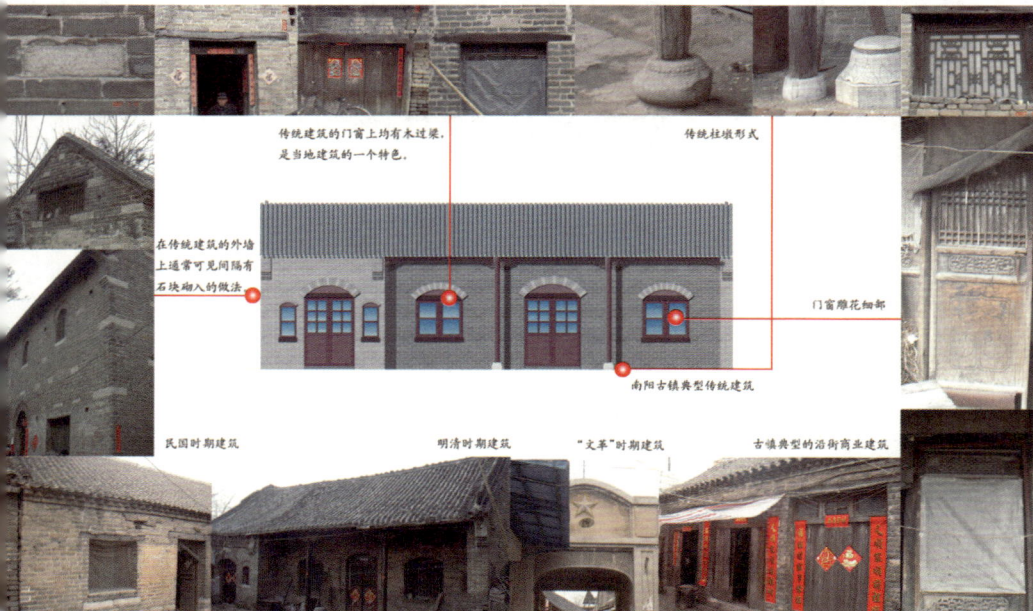

大多数传统民居不仅讲究外形的恢弘，而且追求屋内的装饰之美,砖雕、石雕、木雕，极大丰富了装饰美的内容。当年一些富商建造住宅时，常常是从南方雇佣能工巧匠，从开始到落成，那些堪称艺术精品的砖雕、木雕，往往是一些工匠数年血汗的结晶。民居建筑室内八仙桌子、太师椅、大条几（条案）不可或缺，大条几上方挂中堂，一般画的是山水花鸟，或象征吉祥如意的福、禄、寿，中堂两边垂挂名家书法。八仙桌摆在条案前，条案上不仅有瓷瓶，而且摆着精致的木雕底座的镜子，有瓶有镜，取义"平静"，寓意是不论经商还是打鱼，都是风平浪静、一帆风顺、平平安安。

（3）浓郁的水乡风情观景巷道

南阳古镇上有大街也有小巷，小巷的形成是由于各家各户建造房屋时往往不与邻居共用外墙，于是房屋之间便形成了一条条狭窄

传统建筑特色细部引导之二

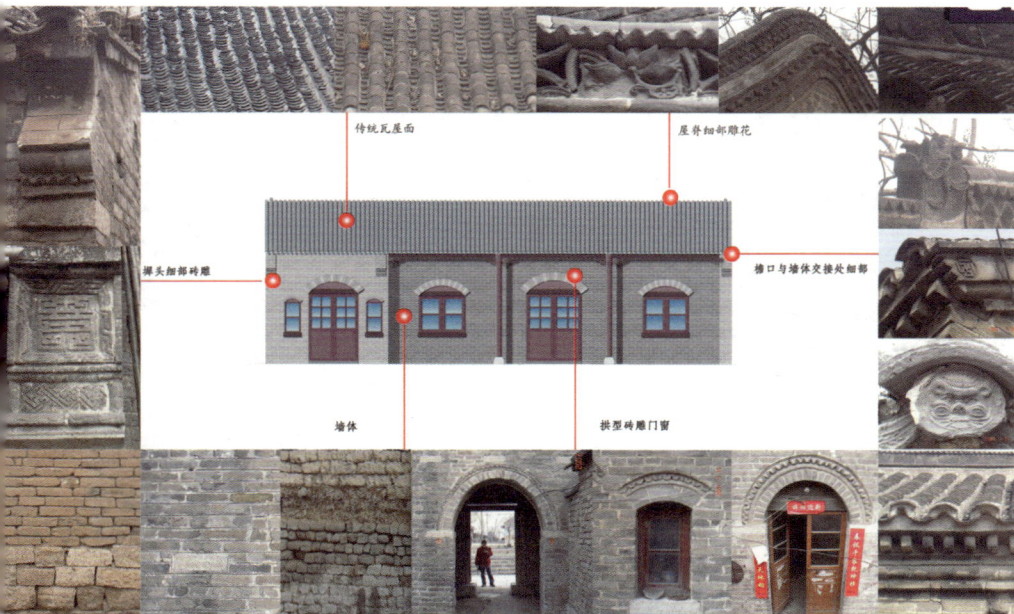

的小巷。有些小巷成为防火灭火的通道，于是就有了单火巷、双火巷。由于民居顺河而建的特征，巷道基本上是与运河垂直，巷道的空间形态为民居——街——民居，呈不规则的枝状覆于民居之中，其空间形态取决于两侧民居建筑的空间尺度与布局。随着民居之间空间大小不同而时宽时窄，从住家前门可以观望到河道或湖面景观，垣墙夹着曲折的街巷，营造出一种曲径通幽的意境，具有浓郁的水乡风情。

传统防火巷道

与河相通的巷道

与南阳街垂直的小巷通往运河

状元胡同的传说

在南阳古镇里有一处长长的胡同，叫状元胡同。传说在这个胡同里，乾隆皇帝钦点过一个状元。清乾隆年间有马姓人家，生有一子，自幼聪明好学，"五经四书"过目不忘，且生性刚烈，好鸣不平，他就是当时南阳才子马西华，15岁中秀才。当地乡绅、地保以修建火神庙为由，搜刮民财，却偏偏还要树碑立传，这碑文当然要由秀才执笔。马西华借题发挥，共写了360个字，字字带刺。碑文大意是：世上本无鬼神，火神罗宣原来是个不走正道的人，谁得罪了他，他就纵火烧谁，人们怕得罪他，便把他敬为火神，无火神而敬火神，树神者即别有用心者。地方乡绅没领会碑文的含义，反而大加赞赏。马西华17岁那年，乾隆南巡，来到南阳镇，泊船于马家门口。皇帝所提问题无人能答，只好把马西华找来，陪侍乾隆，一一介绍南阳镇的风土人情。当马西华陪乾隆走到家门前胡同时，乾隆看到古运河上樯桅林立，篷帆遮云，往西南看是长桥卧波，东北有凫山倩影婆娑，镇上人家或临河而居，或面湖而住，有芦柴小院，有青砖高房，皆柳遮蒲掩，荷苇屏窗，门前院后，碧波荡漾。乾隆随口说道："上有天堂，下有苏杭，南阳物华天宝。"看着马家胡同，听着马西华的介绍，他又说道："此处人杰地灵，马西华不愧状元之才。"谁知马西华才高气傲，对皇上钦点状元没有当面谢恩。皇帝走后，别人抱怨马西华，皇帝当面点状元，为什么不谢恩?白捡的状元官丢了。

18岁那年，马西华赴京城科考，按照他的才学，考个头名十拿九稳，可是，当时的主考是两朝元老隆科多，被江西一姓马的考生以百只金元宝所贿赂，把考卷中最好的答卷，即马西华的考卷与江西马某更换名字，马西华落榜还乡。

马西华虽有状元之才，但没能真正成为状元，然而，在南阳镇却有着这么一条实实在在的状元胡同。马西华针对世间不平事在离开南阳时曾作《钱赋》，在民间流传至今，今天读来，仍令人感叹不已。

3. 交往空间

（1）形式多样的石桥驳岸

桥是水乡古镇独具魅力的形态要素。它点缀于水陆之间，又承载着水陆通道。在桥上，水陆之间相得益彰，形成别样的风景，映入眼帘；在桥外，桥又成了一道别致的美景，飞虹凌驾的姿态彰显了水乡古镇的秀美。

南阳古镇四面环湖，依托中央纵向流淌的古运河兴市成街，水环境成为人们生活的核心。在古镇历史上，曾有一座座石拱桥横卧在古运河上，连接着镇上的住户人家。如今保留下来的，又经修缮的石桥有三座：北部与南阳闸相接的月河桥，中部的状元

月河桥

桥，南段的延德桥。这些桥，均为青石砌筑，石板铺就，有的是单拱，有的为三拱。其中，延德桥至今流传着一个优美感人的传说。在未开发运河之前，延德桥是泗河上的石拱桥，相传梁山伯与祝英台常到泗水岸边游玩，在石拱桥上山盟海誓，后人便称这座桥为梁祝桥。在建南阳闸时，此桥被毁，于2005年重建，改名为延德桥。古镇上居民嫁娶，新人往往要过此桥，以示对爱情的忠贞不渝和对生活的美好期盼。历史上，在南阳古镇周边，有桥中桥，桥连桥，可谓千姿百态，桥边人家炊烟袅袅，好一派诗意盎然的景象。其中"长桥卧波"就是著名的"鱼台八景"之一。长桥，原称南阳大堤，清康熙三十年（1691年），鱼台知县马得祯修南阳大堤，建长桥，后名马公桥。由南阳镇至南店子村，桥长一里许，南临昭阳湖，目的是泄北水入昭阳湖，防止昭阳湖与南阳湖接起来。马公桥当时是鱼台县的东西要道，桥两头皆有石铺的路面延伸而去，每遇水涨，一桥横卧万顷碧波之中，蔚然壮观。推车挑担的往来不断，人在桥上走如在水上行。雍正十一年(1733年)副总河刘劝捐修，修复南店子之南的旧运河大桥，拓宽加固，砌以石栏。由南店子村向西至刘家楼，长约2公里，垒石为路，使之与陆路相接。木石工匠等费白银2万余两，一年后告竣。乾隆二十二年（1757年）水涨桥圮，到乾隆二十六年（1761年），湖水泛涨，金乡、济宁水壅而不下，鱼台知县冯振鸿主持修复马公桥，奉檄决水口18处，以泄积水，路废，第二年，水落，于各水口修涵洞17处，上覆浮桥，估耗白银900万两，济宁、金乡协济银300余万两。冯振鸿曾作《长桥卧波》一诗，抒发关爱民生的情怀："千顷波澄碧，晴光潋滟生。迎风开晓镜，夹水卧长鲸。山色当前好，村烟两岸明。居民无病涉，斯独慰予情。"马公桥的北向延伸部分为南阳古镇的牌坊街，这条街可直达镇中运河埠头。在这段长300米的路面上，

延德桥

南阳闸新貌

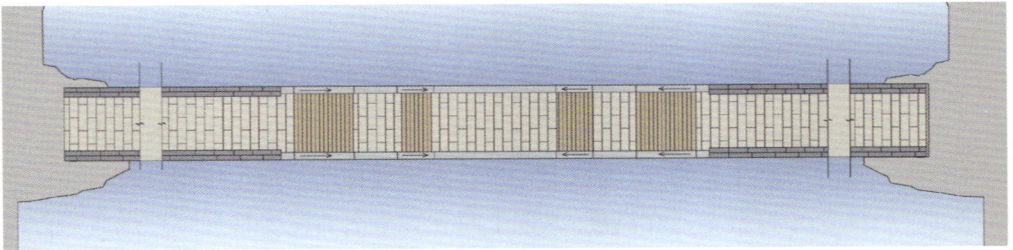

"长桥卧波"复原平立面图

清嘉庆年间因南阳人杨大宁在京城刑部任职，协助皇上缉拿和珅有功，而修建杨家牌坊，该路便得名"牌坊街"。至今牌坊街仍是通往南店子村的旱道。杨家牌坊，高20米，4根石柱鼎立，形成3个门，中间1门是街面。一般走两边小门，石柱刻翱翔彩凤、雕龙抱栏，牌坊顶有8个石狮子，8个石头人，一边各4个。石头人站立石狮子后，手持兵器，雄伟壮观，是国内罕见的牌坊建筑。相传，在建杨家牌坊时，专门从南方凤阳拉来大青石，每块条石都在1吨以上，用铁锹慢慢移动石块，每砌一块石头都十分费劲。在高度2米以上时，数十名石匠费尽九牛二虎之力，有时一天还砌不上一块石头，但又想不出更好的办法。一天傍晚，石匠正用铁锹往上撬石头，一白发苍苍老翁走过来，看着他们吃力的样子说："你们这样能把牌坊建起来吗？牌坊顶上的巨石如何撬得上去？"石匠反问道："您有什么好办法吗？"老翁摇了摇头，临走时说："我已经是土埋脖子的人了。"有悟性高的石匠明白了老翁的意思，他是说用培土的方法把巨石从斜坡拉上顶端，砌好石块，再推掉土堆。果然，用这种办法很快建好了杨家牌坊。

如今古运河两岸都是石驳岸，有2000多米长，这些石驳岸都是用整齐的长方形条石砌筑。在古运河北段和南端的驳岸，史上曾为"金绑铜底"砌筑，如今已无留存。石驳岸间隔一定距离，在两岸砌以石阶，设置河埠，大些的河埠成为码头。之前河埠是取水、洗衣、泊船、交易的地方，现在不饮用河水了，洗涤移至室内，河埠的作用就减弱了。经过修复保留下来的河埠形式多样，有直通的、单边的、双边的，老人们常常到河埠边纳凉聊天，回忆着他们当年在运河边嬉水欢笑的场景，这一份对水的浓浓情感深深刻在了南阳人的岁月里。

驳岸纳凉

杨家牌坊复原效果图

（2）相映成趣的柳荫廊亭

浩淼的南阳湖，荷花飘香，芦苇青青，渔歌声声，古老的大运河，波光粼粼，桨声悠悠……水给古镇的人们增添了万般风情，每到夏季，男男女女在水中嬉戏追逐，桥头水埠，三五成群，把酒当歌，论运河的前世今生，唱南阳的灵秀风韵。

古运河两岸种满了垂柳，初春时节，柳芽新绿，花木争妍；盛夏时分，暖风拂面，柳荫成行；秋分之际，凉风习习，柳叶纷飞；寒冬腊月，雪花飞舞，柳枝银装素裹。一年四季的垂柳，都在以不同的姿态装扮着运河两岸，它们似乎也在追忆着"漕运远流长，堤柳半成行"的历史。

运河岸边，在状元桥东侧，原有一间两层阁楼，飞檐翘角，四面有窗。内有魁星塑像，一手执笔，一腿跷脚。旧时赶考学子，要拜魁星，认为魁星点到，就可高中。每当春光明媚、风和日丽之时，人们常登魁星楼，近观运河，远眺湖上春景，心旷神怡。如今，魁星楼已不存在，岸边修筑了错落有致的双亭，蜿蜒雅致的回廊，还有象征帝王光临，具有"九五之尊"含义的歇亭。茶余饭后，南阳人老老少少喜欢坐在运河边，聚集在廊亭里，呢喃耳语，闲话家常。这一座座廊亭映衬在花红柳绿之中，在河水荡漾中反射着廊檐的轻盈倒影，在柳树荫下回响着欢声笑语，给今日的南阳古镇平添了几分别样的风情，让人们仿佛置身于水乡古镇的诗情画意之中。

48

绿柳亭廊

曲廊通幽

三、民俗风情

古运河像一条项链串珍珠一样把沿岸的城镇串联起来，打破了城镇文化区域之间的相对隔阂，在意识形态、社会理念、民俗风情等领域，广角度、深层次地交流，使得运河沿岸城镇的社会文化形成多元共融的形态。

南阳古镇地处有着深厚儒家传统的鲁西南重镇济宁南隅，济宁历来民风俭朴，士大夫重伦理、尚仁义、尊中庸，对经商嗜利往往不齿。明嘉靖万历后，运河漕运兴盛，济宁地区"服食器用，鬻自江南者十之六七"。在外来经济文化冲击下，士大夫们也成了"儒服市心，力求垄断，满口驵侩"的商人，其地"民竞刀锥，趋末者众"。

在运河商业经济的影响下，南阳古镇的社会文化和民俗风情也发生了改变。这里不仅有傍河而住、逐水而居、划地为营的小农社会聚落结构；也有商贾贩夫、工匠艺人的市井众生相。这里的民风民俗凸显出独特、有趣的现象：民商互容互补，南北多元共融。

1. 市井——鱼行酒肆灯火红

（1）商贸繁盛聚人气

南阳古镇以商埠码头闻名，明、清两朝曾有过非常繁盛的阶段，既是湖西金、嘉、鱼及湖东邹、滕诸县乃至整个鲁西南农副产品的集散地，又是鲁西南及苏北地区"京广百杂货"批发的商业码头。至1917年，还建有鱼台县商会南阳镇分会，是鲁西南唯一镇级商会。

古镇人家十有八九经商开店，店铺栉次鳞比，仅粮行就有12家之多，有酒楼、茶庄、客栈，还有皇家盐店，负责附近的食盐供应，也有绸布店、当铺。其中，字号显赫的多为晋商经营，山西会馆便应运而生，一是为了方便山西客商来往住宿及议事，二则为

老街商肆

山西商人在南阳镇办理婚丧嫁娶。山西会馆，坐落在书院街，建于清乾隆年间。整个建筑20余间，分前后院，前院靠街，后院通运河，正门朝街。前院左右两配房各三间。二门前是大院，后院内是厅堂。南阳的店铺，由"四大金刚为主，四小金刚为辅"。四大金刚中最有名的是胡家酒馆，掌柜的胡金鼎，外号"胡大瓜"，其酒馆原址在今镇政府院内，有蒸酒馆、豆油坊等规模很大的作坊和一些排场极大的铺面，经营烟、酒、油及京广杂货。镇里原有三处药店，在方圆百里间名声很大，它们是普庆堂、福临堂、同益堂。普庆堂店主单县人针庆珠，店门上悬"先学耐烦"匾，店内挂"出售云、贵、川、广地道药材"条匾。出售青丹、丸散，凡售草药，凭方付药，剂量准确。每味药用小纸单包，纸上印有此药形、味、功能、产地、饮食禁忌等。然后，大纸(印有堂号)包起，外加一过滤药渣小箩，并交代煎药注意事项。买卖做得极和气，誉满乡里。镇上的澡堂子，用两大铁锅交替着烧热水，水热后通过水槽流入澡池里，澡池子分两个池，一温一烫。更衣室里靠墙砌两排长炕，上铺苇席，设数个小几供喝茶饮水之用，门用两挂厚厚棉帘蔽风保温，颇有特色。运河岸边的戏楼不定期地上演戏曲。上演时，大街小巷贴海报。戏楼不售票，门口搁一簸篮，查门的一旁坐着，端把宜兴壶"咕咕"品着香茗。看客进门，朝簸篮里扔一枚铜子，即进；不扔，亦进。

镇上店铺，一年中除中秋、春节放假，年终闭门盘点结账，几乎是全年无休。大字号的店年初一开半门，称"小开门，招吉利"。此晨，小门卖货，如有五六岁男孩买东西，一元钱递进可给十元钱的东西，此谓"童男子发市，大吉大利"。小字号的初二开半门。正月初五为财神日，各字号店铺均敬财神。初六之后正式营业。正月初五及十四、二十三又为"破日"，这三日里，各字号均不开市，长途贩运者也不出门，说"破日，破日，以防不测"。店铺招幌，多为匾额式或串连元宝、银元形的坠挂幌子。

（2）鱼行夜市赶集忙

南阳古镇四面环水，周边围绕着诸多小岛，人们出行都要以船代步，居民大都靠打鱼为生。根据工具的不同把渔民分成了四个帮派，有大船帮、网帮、枪帮和罾帮。大船帮靠来回的航运赚钱；网帮有大的连家船一年四季下网捕鱼；枪帮也叫箔帮，春、夏、秋三季下箔捕鱼，冬季时节打野鸭子；罾帮则由于生产工具比较落后相对贫穷，人们常说"一条小船八尺长，渔网片子当衣裳"，就是形容罾帮的生活状况。

镇上西区有一井子街，因一口老井而得名，井深约20米，直径约0.9米。该井的历史已有300年，相传为杨家花园因饮水所需而挖掘。井壁由青石砌垒，井口做工细腻，井水清澈甘甜，闸官客商、茶馆酒肆慕名而来，饮水者络绎不绝，随之井附近形成一条东西通道，人称井子街。如今，在井子街往北，形成鱼市，每天古镇里的渔民都满载鲜活的鱼虾，汇集到这里进行交易，等待易货的买主。

鱼市最为活跃的时段当数夜市，夜市又称早市，因湖上交易从半夜零点就开始。夜市的形成，是由于漕运新渠的开通，南阳镇作为重要的商埠码头，泊住的船要赶早集，买些东西，就早早开船；再就是因渔民生产、生活方式和习惯而为之。夜市，重要的贸易是渔获，傍河而设长长弯弯的鱼市上，渔民卖鱼，多是不分鱼色，个儿不分大小的"一篮子"买卖。夜市，每天成交量在10吨左右，除各类鱼，还有其他水产品。

古镇上的"鲜鱼行"也别具特色。鲜鱼行即鱼经纪人的店铺，渔民捕鱼归来，鲜鱼商贩和渔湖民一起聚在鱼行进行交易或带鱼贩到湖里交易。鲜鱼行有几间客房，有饭馆，有行船。客房一般容一二十人住宿，备有炉灶，不愿在饭馆吃的，可以自己生火做饭。鱼贩购鱼，都是头天晚上挑挑子来鱼行住下。鲜鱼行的

右图：鱼乡夜市

河边鱼馆

南阳西鱼市至今还在进行早市交易

56

船即行船，是运送鱼贩子到湖里收鱼的丈二（木尺的长度，1 木尺=1.55布尺）大船，翌晨二三点钟开船，带鱼贩进湖里，行里人负责撑船、讲价、收鱼，先到固定主顾的箔、网上收。如收不够，就寻找有"物子"（用竹竿撑起捕鱼的竹篓，正口朝上，作为打鱼信号的形式）的鱼船，或挑起底朝下的竹歪子（一种网眼很大的篮子），以示要买鱼，招有鱼获渔家来卖；待收齐后，怕远处渔民再来，行船的"物子"变为底儿朝上，或干脆把"物子"落下，以示已收满；然后将鱼平均分给鱼贩。上岸后，鱼贩们给鲜鱼行2%左右的酬劳费。

夜幕降临，运河两岸的灯火随着天色黯淡而慢慢地亮起来，水中运河人家的倒影也跟着浮现出来，影影绰绰。茶楼里琴声若有若无，古琴的悠远寂寥和这桃源般的古镇分外契合……

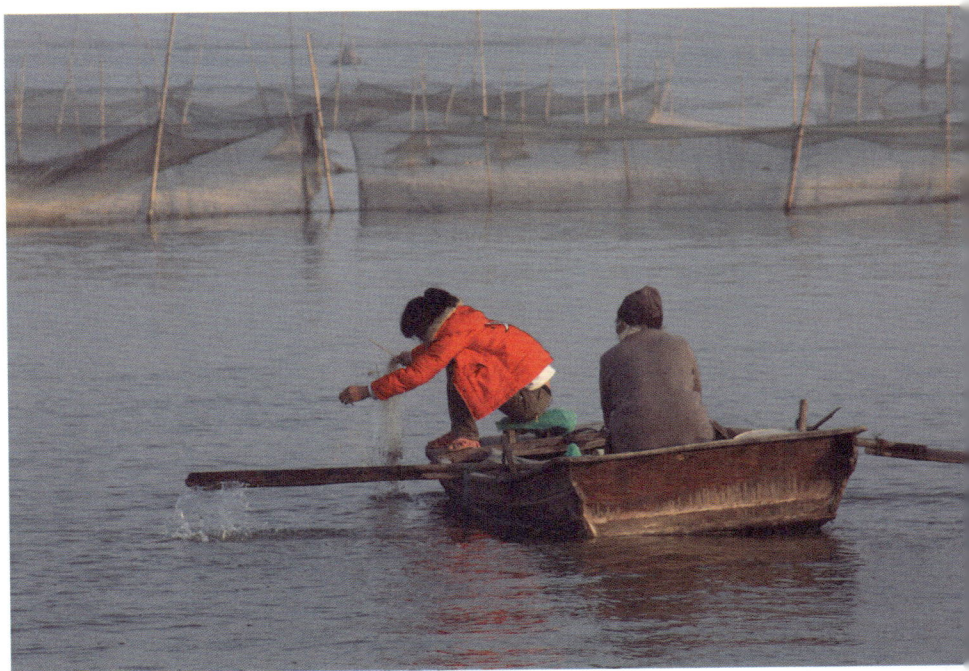

清晨捕鱼的母女

2. 乡土——湖岛船家逐水居

中国的市井民俗与传统文化密不可分，而乡土文化则是一种生发于农业基础之上的传统文化，有着鲜明的地方性色彩，以特定的价值观念、民间艺术和文化景观为表现形式，是特定地域内物质文明、精神文明、生态文明的综合体现。

南阳古镇不仅记载着大运河漕运商业的繁荣，也体现出湖岛居民的特色文化，这里的乡土民俗深深烙上了运河文化和渔家文化的印记。运河文化经历了漫长的历史逐渐形成，不但受到齐、楚、燕、赵、吴等区域文化的影响，还受当地的环境及生活习惯的影响，由不同区域的民俗文化所组成，既有共性又各具特色。共性在于运河将南北文化紧密联系在一起，然而这些外来的文化又与当地的民俗相融合，形成各自的特色，使得古镇的乡土文化熠熠生辉。渔家文化起源于古镇周边得天独厚的湖岛环境，河湖相连的水域，带给人们丰富的水产资源，孕育出南阳古镇自然淳朴的渔家风情。

（1）运河岛民的多神崇拜

中国古代就有"好巫尚鬼"的民风传统，从古至今，民间信仰一直处于生生不息的发展之中。神祇信仰是民间信仰的主体，包含了神话传说、历史人物、创世祖先等，鲜明地反映出地方世俗信仰的多元性和功利性。南阳古镇作为大运河上重要的商埠集镇，经济的繁荣也极大地促进了民间宗教的发展，加之黄河水灾泛滥，修筑运河后，南阳水患不断，老百姓出于"祈福免灾"的精神需求，形成了有神必敬的心理，继承和发展了具有多神崇拜特征的民间信仰传统。古镇上不但有中国传统的道教建筑，其中包含民间信仰的诸多庙宇，还有清真寺、基督教堂，也有位于街巷中的祠堂、小庙，每逢各神灵诞辰，乡邻都会热闹而隆重地请神，祭拜，侍奉香火，祈求神灵保佑，并举办各种庆祝活动，成为延续"神缘"与"亲缘"的重要方式。

在古镇，庙宇往往是社会活动的中心，具有多种社会功能，联系着同一族系的"神缘"和"亲缘"。古镇居民的组成主要有本地渔民和商人，以及外来的移民。他们信仰崇拜的代表分别有水神、火神、关帝，所以供奉这些神灵的大小庙宇遍布古镇街巷。

水神祭祀的传统由来已久，特别是随着明清时期运河漕运地位上升，人们禳灾祈福，祈祷河湖安澜，运道畅通，修筑了祭祀水神的场所。

古镇上的大禹庙，是为祭祀远古时期以治水闻名千古的大禹而建立的庙宇，庙址在今南阳镇敬老院，原五圣堂处，清康熙年间编修的《鱼台县志》载："大禹庙，在南阳镇。以河漕要地得特祀之。曩以春秋祭，近遵候钦定祭期，岁多移易，祭品羊豕各一。"据此记载所言，庙宇是在漕河贯通后而建立的。清末明初，鱼台文人马崇临观南阳大禹庙，作诗一首："九河疏瀹禹功垂，庙貌千秋祀不违。荒庭镇日空啼鸟，手拂苍苔读古碑。"

新河神庙，原址在运河南岸，即现在的南阳中学。明隆庆二年(1568年)，工部尚书朱衡、都御史潘季驯凿修南阳新河以后，由知州景一元、判官郑梦陵于南阳修建。新河神庙面北而建，称"面坎"。坎，水也，有保障新挖运水之义。明万历年间重修新河神庙并南阳书院。新河神庙当时是沿运河最大的河神庙，占地500平方米，有石碑8座，其中龙头碑2座，皆是阳刻，碑文留有记载，但原石碑已不存在。重修新河神庙，存留石碑，其中石龟（赑屃）10吨重，现保留在南阳中学院内。

历史上由于南阳苇草多，易有火灾，故建火神庙于南阳古镇。火神庙，原在现南阳中学操场处，建于乾隆年间，今已不存。大殿6间，内有火神像，两边是站班，一边4个，托火球、拿令纸，似乎在那里听令。如今南阳仍传衍着每年正月初七送火神的习俗。送火神的人们，手持火把，燃放鞭炮，口喊"火神老爷下西南，专烧鬼

新河神庙原址现状

新河神庙复原效果图

子的火轮船"。用船往西南送，以祈求免遭火灾。

关帝是充满神奇色彩的神祇，既是武神，又是财神，具有司命禄，佑科举，庇护商贾，招财进宝的职能。南阳曾经作为运河的商贸集镇，南来北往商人众多，生意人家中必定奉有商贾守护神关羽，每日膜拜。古镇上还修筑了关帝庙，当时是镇上最大的庙宇，占地1500平方米，大门朝西。大殿3间，殿内有关羽塑像，左右是张飞、关平。厢房8间，院里有戏楼。正方形4间屋，上下两层，上层用于化妆、休息，有大小窗户10个，其中有两个大"卍"字形石头窗，俗称"两万零八个窗户"。庙内有钟楼、鼓楼，钟的重量1000斤，悬于钟楼，庙内撞钟，紧敲8下，慢敲8下，不紧不慢再敲8下。后来，又成南阳的警钟。凡有火灾、人祸、幸事时，皆有钟声。钟声可传方圆十八里，北至鲁桥，东至两城，西至王鲁，南至谷亭，皆能听清晰。大钟，一说于1958年"大跃进"时，被人用以炼钢铁之用；又一说，被人运往济宁，具体下落无人知晓。关帝庙，则在抗日战争时期被侵华日军烧毁，遗址在今运河北岸联兴村。

关帝庙魁星楼复原立面图

新河神庙复原平面图

　　清真寺建筑反映了南阳人对外来宗教文化的包容和接纳，该寺位于古镇中心，面积2.8亩，始建于明代。大门坐西朝东，颇为壮观，额书金字"清真寺"，清秀古雅，门两旁各踞一尊石狮。大门内有南北讲堂、大殿、望月楼等，大殿9间，望月楼1间。大殿是寺的主体，由卷棚、正殿两部分组成，卷棚在正殿之前，由卷棚跨上一级台阶便步入正殿，正殿大门12扇。大殿建筑飞檐斗拱，庄严美观。正殿是礼拜诵经的地方，殿内幽深肃穆，气势雄伟。大殿后面有一间专供阿訇领拜的地方。现清真寺尚存部分古建筑，大殿于2005年重修。

　　古镇里南阳街中段保留着一层高的若干间平房，这里便是镇上的基督教堂。20世纪40年代基督教传入南阳，当时没有教堂，租用住户的民宅进行传教活动。随着信徒人数的增加，人们捐款购地兴建了礼拜堂，成为全镇信仰耶稣教徒活动的公共场所。

　　四思堂建筑建于明嘉靖四十四年（1565年），由工部尚书朱衡建。朱衡于嘉靖四十三年（1564年）奉命治理运河。他深思熟虑，博采众议，寻求开挖新河方案，从南阳至留城70多公里。新河开通后，在南阳镇建"四思堂"，告诫人们勿忘洪灾。由于渔民多年连遭水患之苦，他免去了渔民夫役。隆庆六年（1572年），他负责修南阳石堤，全长约15公里，使南阳镇免遭洪水溃决，漕运畅通无阻，为南阳镇日后的繁荣创造了条件。清康熙版《鱼台县志》载："公谋开新河以避黄决，与总河潘季驯庐于河岸者凡九阅月，则斯堂之建亦精意之所留也。安得忧国奉公尽如公者?故附之古迹，以志前征。"四思堂今已不存。

清真寺建筑

清真寺大殿外观局部

清真寺大殿门窗细部

碧霞宫，原在镇电信局对面。相传赵公明的三个妹妹，分别叫碧霄、云霄、霞霄，被姜子牙封神后又下凡到南阳镇。碧霞宫肃穆庄重，前后各两间主房，坐南朝北，前边两间为大殿，青砖灰瓦，内有三姐妹塑像。百姓供奉各路神灵，祈福有神庇佑。

送子殿，原坐落在古镇西北角，正殿3间，有送子娘娘塑像，何时建庙无从查考，只有清康熙三十二年（1693年）重修的记载。前墙有碑《重修卧碑记》。文曰："送子殿创建已久，因风雨损坏，神无所依，尼僧海文，视之凄然，苦沱善者，重修正所，焕然一新，虽神圣之感应，实赖善者之力居多也，勒石刻名，永传不朽云。"

由于古时南阳镇庙宇颇多，所以庙会也有多种。南阳的庙会，多是香火会。正月里，初七为火神庙会；二月二，玉皇阁庙会；四月初八、十八，泰山奶奶庙会；五月十三，为关帝庙会。关帝庙会最隆重，邀戏班子唱大戏，或3天、6天、9天，盛时达12天。九月九，有华祖庙会。各庙会祭神仪式大同小异，祭者携香烛、果蔬，上香，摆供，放鞭炮，磕跪叩祭等。只是各庙会所求不同，或求雨，或求子，或求平安，或求无灾恙，或求鱼稠虾密、湖产丰富等。庙会中的贸易，主要是小商贩销售各种各样的地方小吃和祈福物件。

（2）以船代步的渔家风俗

南阳古镇上没有车，甚至自行车都很少，出入以舟代步，现在船上大都安了柴油机，赶集下店，走亲访友，如果路途不远仍是划船往返。出入南阳镇有客班船，昼夜不停，还有从济宁、鱼台直达南阳镇的旅游船。南阳镇渔民，特别是在新中国成立以前，世世代代都是以船为家。

排船是南阳湖区渔民对造船的俗称。渔家自己不排船，要找"捻船匠"(因排船有道工序为"捻缝"，是排船的关键之一。又因与做家具的细木匠相区分，俗称"粗木匠"、"大木匠"）订做。排船所用木料，以柏木为上。槐、楸木也可，只是所排的船寿命仅十年左右。楠、杉木也可排船，只是软质木所排之船，冰凌上一轧就是一道沟，寿命也只一二十年。柏木船寿命则为四五十年。桅杆，则均用南方一只红公鸡，一斧见血。然后将鸡倒低头顺线滴血一周，以求大吉。接着，设好香案，摆上供品，燃香烛，放鞭炮，祭祀龙王和鲁班神。此时，线头、船主叩响头三下，敬请两神接受香火。随后，线头念叨：龙王保佑，黄金铺底。鲁班显神，顺风大吉。连续念叨七遍后，众人(不得有女性)齐声高唱、欢庆。排船工序有：铺底，又称"铺址"，将船底排上，意为生根，线头带领船匠开始施工。栽梁，下太平钱将船体的横梁钉上，即为栽梁。上料，又分为铣站、铣拉、铣口(亦称为上站、上大拉、上窜口)，按"站"、"拉"、"口"的顺序，由下而上将船两侧的木板一一排上。"排船"之名可能由此而来，因此道工序较为关键。排船工棚，是不让妇女进的，尤其上大拉时，妇女若从工棚外走过，这一天便停工不干。若不停工，排出的船俗传不得发财。然后进行铺头，钉面梁，将船横梁的面板钉上；转吊（船家忌讳"翻过来"或"坎过来"等语言，将船翻转过来，故称"转吊"或"转过来"）；钉舱廊；钉棹窝；请伙计。整体的木工活基本干完，下一步就要捻船填缝了。在这间隙里，线头密询船主要不要请伙计，船主若要，就密嘱线头制作。"伙计"实际上是船主请的"魂灵"。待"伙计"木偶刻做好后，涂以鲜血，支走其他船匠，由线头和船主两人把"伙计"安在船前梁里，用木块塞上。同时，船主还要拿着好吃的和白酒喂喂"伙计"，并念叨几句客套话，诸如：请伙计帮忙，保证大船平安无事、兴旺发达云云。最后一道工序是捻船，又称"灌印子"，亦称"打排斧"。捻船要用船腻子。船腻子用桐籽油、滑石粉和麻捻糅合而成。捻船就是把船腻子用凿子和斧头砸进船缝，以防漏水。捻船工作量颇大，为鼓舞士气，捻船人员统一行动敲打成一种音乐——《打排斧》。打排斧，也便成了捻船的代名词。打排斧的曲牌多样，因人而异。常见曲牌有《凤凰三展翅》、《老虎大龇牙》、《狮子大偎窝》等。"乓乓乓，乒乒乓，乓乓乒乓，乒乒乒乓……"一人领唱，众人谐和，由慢到快，又由快到慢，捻进去，剔出来，剔进去，捻出来。斧凿的铿锵声、船体的共鸣声，自然构成节奏鲜明、清脆动听的乐曲。一家排船，周围数百米都可以听到打排斧的曲调声。打排斧常常引来数十乃至数百位助兴寻乐的

渔民，你说我笑不绝于耳。围观渔民此时会逗船主："船捻三遍，金殿不换；船捻四茬，拿烟拿茶。"船主拿出上等好烟，提上一壶龙井好茶，招待船匠和参贺的来宾；并鸣放鞭炮，以示庆贺。船的一面捻好，再转吊捻另一面。刷油船捻好后，要油漆两遍。过去用桐油，现在用清漆。新船下水前，抹得亮黄亮黄的，要下水了，挂上2尺长的两块红布，船主燃香叩头放鞭炮，当地叫做挂红子。还要请上一位德高望重、懂得湖船下水规矩的男子，自然鞭炮是越长越好，越响越好。

　　生活在船上的渔民，乐声喧喧，笑语盈盈，渔家的婚礼风俗也别有一番情趣。连家船上的渔家，会拿出多年的积蓄，排一条新船，漆得铿明透亮，便为新房；请人把船里布置一番，舱壁贴上吉利画，挂上绣花舱帘，铺好新被新褥，边铺边唱喜歌。到次日清晨四五点，扎挂得红红火火的迎亲船，便驶向女方连家船。迎亲船双篙双桨，篙梢缠了红绸，两个小伙撑船，新郎立于船头，另两个小伙则挑了大红灯笼，或手持马灯旁立两侧，舱中坐着两个怀抱"催妆衣"的接亲婆。男方的连家船，婚礼前一天已靠泊女方船，相距不到百米。篙起篙落，不多会儿就到了女方船。接亲婆上女方船，给新娘穿嫁裳，出舱到艄头。此时，新郎和小伙再上船，两个新人同喝"离娘面"，陪送嫁妆装两船上。然后，专用一托板，上船，两个接亲的小伙在女方船上点燃用秆草扎制的火把，先回迎亲船。新郎、新娘手拉手上船，身披红，胸戴花，后面是一伙儿打

着雨伞，一红一绿，罩在新人腿头上，即是轿的象征。红绸篙几起几落，驶到夫家船。火把在船上点着了，新娘迈火把而过，火把遂投湖中。顿时，鞭炮声、嬉笑声簇拥着新娘，踏上了夫家船头。新郎新娘于欢声笑语中在船头捻香磕头，拜了天地。随后，喜歌唱起，接待宾客的喜宴便在一只只船头开始了……

（3）渔民们的生活乐趣

南阳人的生活方式大都具有靠水为生、以渔为业的特色，有拉网、推虾网、下箔、下胶丝网、下卡、下钩、下篮、下须笼、扳罾、罩鱼、敲星、端把子、倒活头窝、踩鳖、抠蟹、打鸡头等，各式各样，极具特色。

下箔是渔民最常用的捕鱼方式，就是用竹箔或网箔在浅水区围起箔塘子，也叫"迷魂阵"，机关暗伏，蜿蜒曲回，很容易引鱼就范。箔，是根据水位由2米或3米长的竹子编成的，现在则是用雨花布织成网片，再用竹竿串边而成。箔的下法极复杂，一般由行箔、大廊、二廊、三廊、四廊、五廊组成，五廊里头设闭缝，可摆成勾手、二郎担山、耙头和汊口式四种。行箔即路箔，长达150米。行箔笔直，拦鱼进箔塘。二廊因形似葫芦头，故又称"葫芦头"。鱼儿进此，就开始迷了，再进了三廊、四廊、五廊，已不知回路，急着向前游，迷迷糊糊就进了闭缝。这闭缝像个阵眼，许进不许出，鱼游进使尽本事也出不来，只得干等着渔民划了小船，乐悠悠地打开闭缝。轻轻地倒进船舱。渔民把去箔塘收鱼叫"拾鱼"再准确不过了。下箔，又有64、32、24、16个旋之分，旋即胡同。下胶丝网即刺网，渔民根据鱼的生活习性，将鱼具敷设在鱼类经常回游的地方，使鱼刺缠于网上面得以捕捞，故用具称"刺网"。下刺网，一般在傍晚，两人划一小船，载网30～50片(帖)，选择筜草稀疏的湖面，一人棹船，一人在船头上放网，右手拿网，左手将网衣轻轻拖到水中，且需防止网衣纠缠在一块，或被水草托在水面上。第二天一大早起网，顶风划船，上风舷收网，所获多是鲤鱼、鲫鱼、鲐鱼。下钩是用2米长的苇秆上系鱼钩，鱼钩上挽个小活鱼，这叫活头钩，专逮活头鱼(乌鱼)。下钩，就是渔民一下几百个钩，等待小鱼上钩的捕鱼方式。钩饵小鱼尾巴翘翘向上，水动钩上小鱼也动，如游动一般，乌鱼是专吃活食的，一口吞下去就上钩了。另外，还有坐钩、红丝钩、顿钩。卡，也属饵延绳钩，用竹坯做成卡棒，并弯成弓形，夹入诱饵，再用草筒套套住其端部，当鱼吞食时，卡棒弹开，撑住鱼嘴而被捕获。每逢春季到夏季之间，傍晚，渔民撑一小船，载几筐卡，向稀草或草地与明水交界处，一人划船，一人将装好饵的卡依次投入水中，卡中装饵一般是用大麦和面团。翌晨，收卡起鱼。如今下卡，下钩的捕鱼方式已不多见了。

南阳古镇渔民的捕鱼方式多种多样，他们的民间艺术融艺术性和趣味性于一体，端鼓腔、渔歌、民谣等都折射出南阳人的生活乐趣。

端鼓腔演出没有其他乐器伴奏，只有端鼓。端鼓是一种击打乐器，状似团扇。鼓身用直径33厘米、宽1厘米的铁圈，一面蒙上羊皮做成。鼓把长10多厘米，把尾装有一套8字形的铁环，但8字形的上、下两部不等，上部圆圈直径10厘米，下部圆圈直径3厘米；上部套有6个铁环，被平均分割在左右两边，下部套有3个铁环，8字形铁环上共装有9个小铁环，谓之"九连环"。演奏时，一手端鼓，一手用鼓条敲打，需要时再晃动鼓把，

捕鱼归来的渔民

铁环撞铁圈，哗哗作响，十分别致。演出时，湖面上并连两只大船作为舞台，观众则坐在各自的船上围而观之。演出时，人们有说有唱，边唱边舞，以唱为主。端鼓腔也和传统戏剧一样，有生、旦、净、末、丑之分，但又与戏剧不同，演唱艺人可以随时装扮好几个剧中人，角色随时变换，唱词中还要唱出剧中角色的名字。演唱形式有对唱、合唱。对唱，一般以男女对唱为主。合唱，一般是一领众合，领合的规律是领上韵末了即插入合唱，齐唱下韵。有时因合唱者的音域差别或旋律上自由发挥而形成和声效果，听起来也十分美妙。端鼓腔的演唱内容，多是关于帝王将相、才子佳人，但也有反映民间生活的，曲牌有：七子韵、京调、下河调、念佛调、百神赴号等。通常，端鼓腔是渔民在敬大王、敬将军、节日敬神和续家谱时进行演唱。

如今传唱在南阳湖里的渔歌，多取材于湖上渔民的劳动生活，大部分是把劳动场景和爱情有机地糅合在一起，表现出渔家热爱生活、追求幸福的美好感情。

古镇的渔民日出而作，日落而息。每当傍晚，渔船满载而归。在古运河两岸，渔民们抛锚泊船，晾网卖鱼，平静的河岸即刻沸腾起来。女人在后舱做饭，男人三五成群聚在船头，每人斟上一碗酒，菜不断从后舱送来，一船饮酒，十船飘香。待明月初升，酒兴正酣，便有人引亢高歌，于是此起彼伏，互相应答。"七月老，八月落。新娶的媳妇采菱角，舱里菱角没腰窝……"这韵味无穷的渔歌在河面上恣意飘荡，晚霞的波光和渔歌的悠扬共映出"渔歌唱晚"的美景。

3. 野趣——采莲摘菱芦苇荡

"野趣"是与"雅趣"相对应的审美范畴，野趣是一种提倡人们回归自然，感受乡野生活的审美趣味，它依托于自然山水、乡村田园。

南阳四周湖面开阔，一碧万顷，运河纵贯，河湖串联。水为南阳编织了美轮美奂的风景画，也给南阳人增添了万般风情。水让南阳人拥有丰富的水产资源和生活趣味。除了捕鱼，他们还割苇草、摘菱角、抹草种、采莲藕……

（1）苇絮芦花轻拂面

古镇边上南阳湖的水从来不曾干涸，那些纵横交错的河流水网与它息息相通。每到涨潮时节，水会漫过岸边的芦苇，一路流淌，直到扎进湖里。而到了枯水季节，湖水会经过一孔孔涵闸，给这些河道注入生命之水，也滋润着河道两边丛生的芦苇。

芦苇拔节的季节，湖边往往是最热闹的地方。男人们会光着膀子修理渔具，将那些终年漂在水上的船抬到岸上，晒干后，顶着太阳，一遍遍地给船体上桐油。织网是女人的活计，树荫下，那些绣花似的巧手忽上忽下，令人眼花缭乱。在女人的嬉闹声里，常常掺杂着汉子粗粗的嗓门，泥土一样朴实。间或有水鸟扑棱棱地从岸边的芦苇丛中飞出，引起一串更响亮的笑声。当微风沿着苇荡穿行的日子，芦花出穗了，它们渐渐长高，待芦苇长得更高的时候，芦花开始在风中怒放。秋风中，那银白如絮的芦花飘逸柔情，这时候的南阳人，就像迎风飘拂的芦花一样美丽动人。夕阳下，女人们坐在院子里，用锋利的篾刀将采割回来的芦苇去皮，劈成篾条，编织成苇帘、苇席、苇篮和苇篓等用品，连圈养鸭子的篱笆和菜地的棚栏都是用一根根的芦苇夹成。等到飘雪的季节，芦花谢了，芦苇枯萎，那些吮吸着水乡乳汁的芦根，却已在孕育着新的生命。就这样年复一年，古镇的芦花花开花谢，南阳人割苇草，劈篾条，用那双灵巧的手上下翻飞，编织出动感美丽的生活之梦。

（2）菱角莲叶说笑间

温暖的季节里，芦花出穗怒放，正是人们下湖忙碌的时节。男人们忙着捕鱼下钩，这时候的女人也忙碌起来，她们像莲花一样开放在南阳湖里。一个个小小的木桶，一根根细长的竹篙，就让女人们融入到一片诗意之中。草帽下，那些淌着汗水的脸，总是笑意嫣然；挥手间，就沾上了些许的菱角叶。在水乡里，采菱一般是女人的专利，说笑之间，她们的纤纤十指飞快地摘着水面上的菱角，熟练得就像在做纳鞋底一样的针线活。不一会儿，木桶就满了，女人们将木桶划到岸边，麻利地用筐篓装好，然后舀干木桶里的水，又轻盈地划进菱花丛中。一趟趟下来，岸边的菱角成了小山藕……偶尔有汉子心疼婆娘，也划着木桶采菱，他们笨拙的姿势往往引来女人恣意的笑声，有时候心慌意乱，木桶翻了，男人和菱角一起滑落到水里，这时候，女人的笑声会更加响亮。

夏末秋初，秋风渐起，男人们开始沿着苇荡频繁地出湖，而女人们的扁舟会像蜜蜂一样轻灵地穿行在荷叶林中。莲花凋谢在荷秆上，已挂满熟透的莲蓬，那些鼓鼓胀胀的果实，似水乡女人饱满的乳房。每当扁舟悠然划过，滩涂上的芦花飘来一缕秋天的气息，女人唇边的渔歌就蕴涵着江南采莲曲的味道，夹杂着莲蓬与荷梗断裂的脆响，这时候，摘果实的女人们是最开心惬意的……

嬉笑采莲的妇女

四、价值评述

1. 文化特征概括

山东济宁段是整个京杭大运河最重要的河段，既是"齐鲁之南北通衢，水陆之东西要冲"，又是"南引吴楚闽粤之饶，北壮畿辅咽喉之势"；带动了运河沿线城镇经济的发展，培育了沿运河独特的文化。南阳古镇位于大运河的济宁段，作为运河历史文化名镇之一，历史上有"江北小苏州"之美称。这里风景秀丽，气候温和，物产丰富，经济繁荣，文化底蕴丰厚，是我国运河上的重要闸口和商埠码头。它的文化特征可概括为：运河名镇、文商汇地、湖岛渔乡。

（1）运河名镇 千年古韵

南阳是微山湖上、运河线上最有特色的古镇。在古时，南阳常有水患，加之战乱，一度造成南阳人烟荒芜。后村镇依运河而建，元代南北大运河通航后，南阳成为运河岸边的重要商埠。元至顺二年（1331年），在与古老的泗水重合的京杭大运河上重建南阳闸，明代隆庆元年（1567年）漕运新渠竣工。明清间，南阳古镇随着京杭运河的开通而兴旺，作为运河商埠，逐步形成水乡市镇，成为古运河畔四大名镇之一。

作为古镇的南阳岛四面环水，有石拱桥横卧古运河上，连接着运河两岸的人家。南阳街上店铺林立，镇上人家濒河而居，依运河而建错落有致的房舍。狭窄的街巷，如长长的扁担挑着整个市镇的繁荣与昌盛，夜市则充满了浓郁的江北水乡气息。

（2）文商汇集 雅俗共赏

因南阳镇所处的南阳湖为京杭运河的中部，又因南阳镇北去济宁、南去夏镇均为一日航程，得此地利，自"漕运新渠"

开通后，南阳镇成了水上运输和商品交易的交汇点和重要的商埠码头。南阳丰富的水产品随之运往各地，附近物资也在此聚集中转，时有"小济宁"之称。在京杭大运河上百舸争流的年代，来自不同方向的漕船、酒船、米船、官船往来相接，古镇里的街市和码头，熙来攘往的人群中，南北商贾驻留云集，响着软软的吴语、道白韵味的京腔，听到最多的还是硬硬的山东方言。古镇由于漕运昌盛，商业繁华，有许多大商富贾世居于此，现镇上留下的商业会馆和大户宅院就是明证。

科举制度经历1000多年，南阳在科举考试中秀才、举人、状元迭出。不论为官经商，南阳乡绅均崇文重教，部分乡绅更以诗文书画名扬镇上。古镇里有一条书院街，这条街因有南阳书院而得名，书院历史悠久，历经数代已被损坏，又屡经修复，由此可见小小古镇文化底蕴的深厚。明清时期，运河的畅通促进了南阳的商业兴盛和繁荣，为南阳的文化发展提供了良好的条件。政府官员、士人学者南来北往，有的在此驻足停留，有的游览运河名胜，也有的在此落籍居住，使得南阳古镇出现了前所未有的良好文化氛围。

（3）湖岛渔乡 市井民风

"岛在水中、河在岛上、镇在湖中"，这是南阳古镇最为突出的自然景观特质，在整个运河沿岸都是罕见的、独一无二的。除南阳岛之外，在浩渺的南阳湖中，还零星散落着诸多岛屿，这些岛屿便是渔民世代生息之地，大大小小的渔村分布在岛屿上。渔家日出而作，捕鱼织网，下篮垂钓，采莲摘菱；日暮而归，吃渔家饭，干渔家活，品渔家乐。在每天黎明前夕，南阳的鱼市便开始熙熙攘攘的交易，拉开了早市的序幕。除了长长弯弯的鱼市，卖包子、烧饼、元宵、烫面饺的小贩摊，比比皆是……集市上灯火通明，煞是热闹。

2. 历史价值评述

南阳古镇作为运河文化线路上的重要历史古镇，它具有"岛、镇、湖、河"相融的城镇格局，是运河文化发展、运河沿岸传统街市变迁的见证。

（1）运河发展变迁的重要载体

南阳处于京杭大运河的中枢段，即济宁段的南端，是古代劳动人民护岛筑堤工程建设的重要阵地。元代泗河改建为运河，重建南阳闸，南阳成为大运河漕运的重要集散地。明清两朝，南阳段运河商贾云集，文人墨客往来于此，南阳留下诸多诗文碑记，运河埠头、大禹庙、新河神庙……古镇已成为见证运河历史和变迁的"活态博物馆"。

（2）商埠集镇演变的生动缩影

运河开通后，出徐州过台儿庄，经昭阳湖东岸至南阳，南阳遂发展为"漕运往来要地"。在昔日漕运畅行之时，商船往来频繁，帆樯林立，运河穿行古镇的两岸街巷商铺作坊、客栈行会聚集，一时成为重要的商埠重镇。随着运河漕运功能丧失，南阳商业繁盛的时代终止，古镇保留下了传统街市格局和传统民居、传统特色老字号、河船工艺、渔家民俗、戏曲等等，这些历史遗存和非物质文化遗产反映了运河传统商业街市市井文化的演变。

（3）河湖人家生活的真实写照

南阳虽然地处北方，但具有南方水乡丰富的水资源条件，河湖相接，岛镇合一，体现了水乡泽国的生态格局。南阳岛和周围的零星岛屿至今保留着大大小小的渔村，居住着逐水而居的渔民，他们保存着一种"船居—渔猎—集市"的由农至商的自我演

右图：商贩店家

化过程。南阳的一方水土孕育出不同于其他运河城镇的河湖人家原住民文化。这是一幅运河沿岸北方水乡古镇原住民的真实画卷。

市井风情

第三章

遗产保护

南阳古镇经历了从农耕社会到运河漕运商业社会漫长的自然演进过程，积累了丰富的与生活形态息息相关的历史文化和自然遗产资源，在代代南阳人的传承和潜移默化中维系、保护和充实着其独特的运河沿岸水乡空间及湖岛环境。

随着我国经济的快速发展，南阳古镇和运河沿线其他古镇一样，正经历着城镇建设和更新。以旅游业为主的文化遗产经营开发活动，既创造了前所未有的机遇，也带来了全新的挑战。南阳古镇自 2006 年以来，历时多年，由漕运衰落的湖中小镇发展成为中国历史文化名镇，先后清理了运河河道，使之疏浚贯通，修建古镇基础设施，建立文物保护单位保护机制，完成沿运河驳岸、码头、桥梁和主要水闸的修复和重建工程，使得古镇目前具有一定的游客接待能力，发展成为"古有其味、名副其实的运河古镇"。尽管南阳的保护和发展目前效果凸显，但仅仅是这座运河古镇保护和发展百年大计的一小步。如何利用保护下来的历史环境，尤其是如何进一步使运河古镇的文化底蕴在物质空间中保持持久、鲜活的生命力，守望住这片"运河上唯一留下来的水上集市"，是南阳古镇保护与发展需要面对的重要课题。

一、大运河遗产保护（南阳段）

大运河遗产线路作为世界文化遗产和全国重点文物保护单位，它的保护应当注重整体性，保护文化线路边界内所有的自然和文化资源，提高区域旅游和资源共享的联动与协作。

将南阳古镇的保护与传承的工作放到整个大运河的遗产保护体系中，作为大运河文化线路的遗产项目之一，具有十分重要的科学意义。

1. "文化线路"价值

文化线路是指"拥有特殊文化资源集合的线性景观。通常带有明显的经济中心、蓬勃发展的旅游、传统建筑的适应性再利用、娱乐及环境的改善"。依托京杭大运河，其沿线的文化遗产构成完整的遗产系统，从遗产的角度来分析，它包含了自然遗产、文化遗产和非物质遗产，同时它还是活着的遗产系统。大运河作为文化线路，这是一种新形式的遗产项目，运河沿线所有与之相关的历史城镇的保护，都应纳入到文化线路保护的体系之中，从而进行系统科学的保护与利用。南阳古镇是京杭运河上十分重要的历史文化城镇，它的兴盛与发展和运河整体的发展状况密切联系。

大运河遗产保护段（南阳段），即自山东济宁以南的京杭大运河段仍承担航运任务（即京杭大运河最基本的功能）。虽然，某些河段已经丧失了航运的能力，但仍然承担着排洪、灌溉、输水、排污等水利和市政的功能。

运河古镇南阳所体现的运河文化特征，是千百年来南来北往的文化与当地文化交流融合的积淀。虽然现代化的交通方式取代了水上运输，使运河渐渐退出了人们的记忆，从而使南阳古镇这个完全依靠运河水运发展兴盛起来的历史城镇也随之衰落，但是，南阳古镇不负历史重托，恰恰因为周边水系的变化使之完全依托着运河，推动着古镇的持续发展，这样使南阳古镇保存着运河城镇纯正的文化特征。

① 城镇形态：保存着沿运河带状发展的城市形态，而形成一河两街的河街格局；

② 水利设施：南阳古镇至今仍有南阳闸、月河、石驳岸、古码头、古石桥遗迹等与水利相关的设施；

③ 商业街市：集中在南阳街，老字号、老商铺比比皆是；

④ 行商文化：往来的南北商客在此运粮、运盐，进行贸易，从而产生行商文化，古镇中的关帝庙（二爷庙）就是供奉财神关公的庙宇；

⑤ 行船文化：河运离不开船舶，而船舶的制作和使用都有着特殊的传统工艺特色。在古镇中有金龙大王庙、龙王庙、大禹庙等，都是人们为了祈求在水上一帆风顺的美好诉求而建设的。

2. 运河南阳段的系统保护

对于大运河南阳段的保护应从系统的整体空间组织入手，对于运河南阳段内的建筑物、构筑物及其他历史文化遗存，应运用整治、建设、恢复、改变以及重新利用等多种综合方法进行保护。对于运河南阳段的具体文化资源首先应是保护和恢复，而不是破坏和重建；恢复应该同现存的历史机理以及周围建筑和景观的形式相一致；对于新建的建筑物、构筑物的用材、施工技术和设计应该尊重现有建筑、景观和环境的特色和价值。

悠远运河，静美古镇

二、南阳古镇居民文化生态保护

南阳古镇的历史演变是我国古代重要的防洪筑堤和开河漕运水利工程的见证。现存的地域环境特征仍然真实地反映出从运河街市、湖岛村舍到市井城镇的发展历程。时至今日，这里的居民依旧保存着传统的聚落形态和独特的水居、湖居文化。

1. 分层级的保护方法

根据南阳古镇的历史遗存，依托南阳古镇周边独特的自然环境，对古镇进行整体保护；逐步消减新建和改建设施和项目对古镇传统风貌的不利影响，提高古镇的整体环境和景观传统特色；整治河道两侧和街区内部的建筑立面，恢复南阳古镇历史上几处鲜为人知的历史胜迹；重塑南阳"运河古镇"、"岛中有河、湖岛相依、河湖相融"的景观文脉。同时，恢复南阳古镇适宜地段的历史风貌，通过强化运河古镇的文化内涵，恢复南阳传统商业街市服务性的功能地位，恢复魁星楼、关帝庙、新河神庙等历史节点的风貌，展示南阳古镇的历史、民俗等多元文化特色。利用古运河上独特的水利工程设施、运河古镇繁华的商业街市、水上生态渔业观光和水上运河的体验，结合古镇传统风貌和生态资源特色整合成南阳独一无二的魅力小镇的旅游体系，从而形成独特的功能分区和旅游活动功能带，以此提升南阳古镇的活力与人气。依据这些总体保护与发展策略，从人工环境、自然环境、人文环境三个方面建构对南阳古镇的保护框架，凸显古镇保护方式的层次性。

（1）保护框架的建构

保护框架制定的目的是在概括提炼南阳古镇历史文化内涵、特色的基础上，通过对古镇的整体历史文化环境、重点历史地段和文物保护点整体框架的把握，更好地保护南阳古镇的历史文化遗产。

南阳古镇保护框架的构成要素由人工环境、自然环境和人文环境三部分组成（归纳如下表），需要针对各自的特点进行相应的保护。

表1 南阳古镇保护要素构成

人工环境	空间格局		湖中有岛、岛中有河，古镇沿运河呈带状发展
	公共建筑	宗教建筑	古清真寺、泰山奶奶庙、大禹庙、金龙大王庙、新河神庙、龙王庙
		商铺老字号	刘家澡堂、唐家铁炉铺、协成杂货、瑞兴堂、隆升杂货、老公茂酱园、福兴楼、全盛金货、开源香油坊、永和店、顺兴盐坊、胡家点心作坊、福泰酱园、董家染坊、马家店、酱园子
		遗址	大禹庙、金龙大王庙、新河神庙、龙王庙
	院落民居		杨家大院、宋家宅院
	运河史迹	水利工程	古运河驳岸、南阳闸、南阳湖横坝
		水神庙宇遗址	大禹庙、金龙大王庙、新河神庙、龙王庙
		名人遗迹	皇帝下榻处、御宴房、皇宫所、闸官厅
	传统街巷		南阳街、书院街、牌坊巷、火巷、闸官街
	特色构筑物		古运河驳岸
自然环境	水体		南阳湖
	河流		鲁运河
	岛屿		南阳岛
人文环境	历史人物		马西华、乾隆皇帝
	民俗活动		庙会、夜市、排船
	民间信仰		海龙王、妈祖、关公、大王
	地方特产		虎头祥子、渔家虎饰、草编海螺、苇编甲鱼、双鱼风筝、甲骨鹦哥儿
	民间艺术		端鼓腔、渔歌、"拉粮船"舞
	传说掌故		状元胡同的由来、乾隆南巡的传说

根据南阳古镇的历史文化价值及其环境要素构成分析，古镇总体保护的空间框架可以概括在这两段诗中："岛在湖中浮，河穿古镇过。环岛水千顷，白帆映红荷"；"闸口月河过，过镇听渔歌。歌绕魁星阁，阁边漕商客"。前者是指南阳古镇周边的自然环境，即自然城镇格局。后者概括了运河古镇物质空间环境和丰富的古镇非物质文化遗产，主要指运河古镇上的历史遗址、历史文化街区，以及南阳闸与运河古镇的密切关系，同时展现出南阳古镇独特的渔家文化和纯朴的民俗特色。

（2）保护方式和层次

根据南阳古镇镇域和镇区的外部空间特征、建（构）筑物的历史文化价值等，对古镇的既存条件而作出的保护方式分为五个方面：

一是镇域范围内整合区域的历史文化遗产资源，通过调查和分类，分别提出保护策略。规划中不仅保护有形文化遗产，同时还要注重对无形文化遗产的挖掘和整理，并将其融入物质文化遗产的保护中。根据古镇现状特征以及国家对历史文化名镇保护的相关规定，将南阳古镇历史文化遗存的保护等级及其范围划分为四个方面内容：文物保护单位、历史建筑、古镇保护区、世界文化遗产中国大运河的保护。

① 保护南阳古镇河湖相融、镇岛合一的自然地理格局；
② 保护南阳运河古镇特色的城镇格局和历史文化街区；
③ 保护南阳古镇留存的文物古迹及优秀历史建筑；
④ 保护南阳古镇丰富的非物质文化遗产。

二是结合城镇建设和旅游发展，调整土地功能的空间布局，从区域角度制订有利于南阳镇的可持续保护与发展策略。

三是对世界文化遗产中国大运河遗产（南阳镇段）进行现状评估，结合文物保护的专项规划要求，正确处理其与古镇区整体保护和发展的关系。

四是对南阳古镇区内部的建筑进行综合评价，并提出相应的保护与整治策略，对南阳古镇及周边整体环境提出保护与整治策略。

五是对南阳古镇区整体进行分级保护和保护范围的划定，并提出相应的保护策略。

根据南阳古镇区的遗存现状和现有居民的生活和使用情况，将古镇以古运河、南阳街、书院街两侧成片的传统街区所分布的范围划定为古镇区核心保护范围。此范围内包括多处古民居、寺庙和历史建筑，它是集中体现南阳古镇历史风貌的传统民居、街市和运河古镇形态的区域，也是南阳古镇发展至今城镇格局与街区风貌保护相对完整的部分。对核心保护范围以内的建筑物、构筑物、街巷及空间环境要素应当不受破坏，并区分不同情况，采取相应措施，实行分类保护。街区与巷弄应保持原有的空间尺度，保护现有的传统街巷铺地及其形式，其他街巷的地面铺装应逐渐恢复传统特色，采用石板铺砌；街巷两侧建筑功能应以传统民居和传统商业建筑为主，鼓励发展传统柜台商铺和产商结合的手工作坊，建筑的门、窗、墙体、屋顶等形式应符合风貌要求。保持原有空间形式及建筑格局，并保留古井、古树及反映居民生活特色的传统庭院。

为保护南阳古镇的历史环境景观，在核心保护范围外划定建设控制地带。区域包括古运河两岸的所有建成环境，以及与南阳历史文化名镇核心保护范围相联系的南店子、西庄台、南庄台和部分东庄台地区。对东庄台新区部分设置为环境协调区，主要对新区建设的风貌进行控制，要求包括新建建筑的体量、色彩以及建筑材料都要与古镇区相协调。同时，建设具有水镇特色的建筑形式，展现新时代南阳古镇的水城风貌。另外，古镇区南部划定一定范围的生态湿地保护区，为提升镇区的生活环境品质和增加旅游游览项目提供条件。

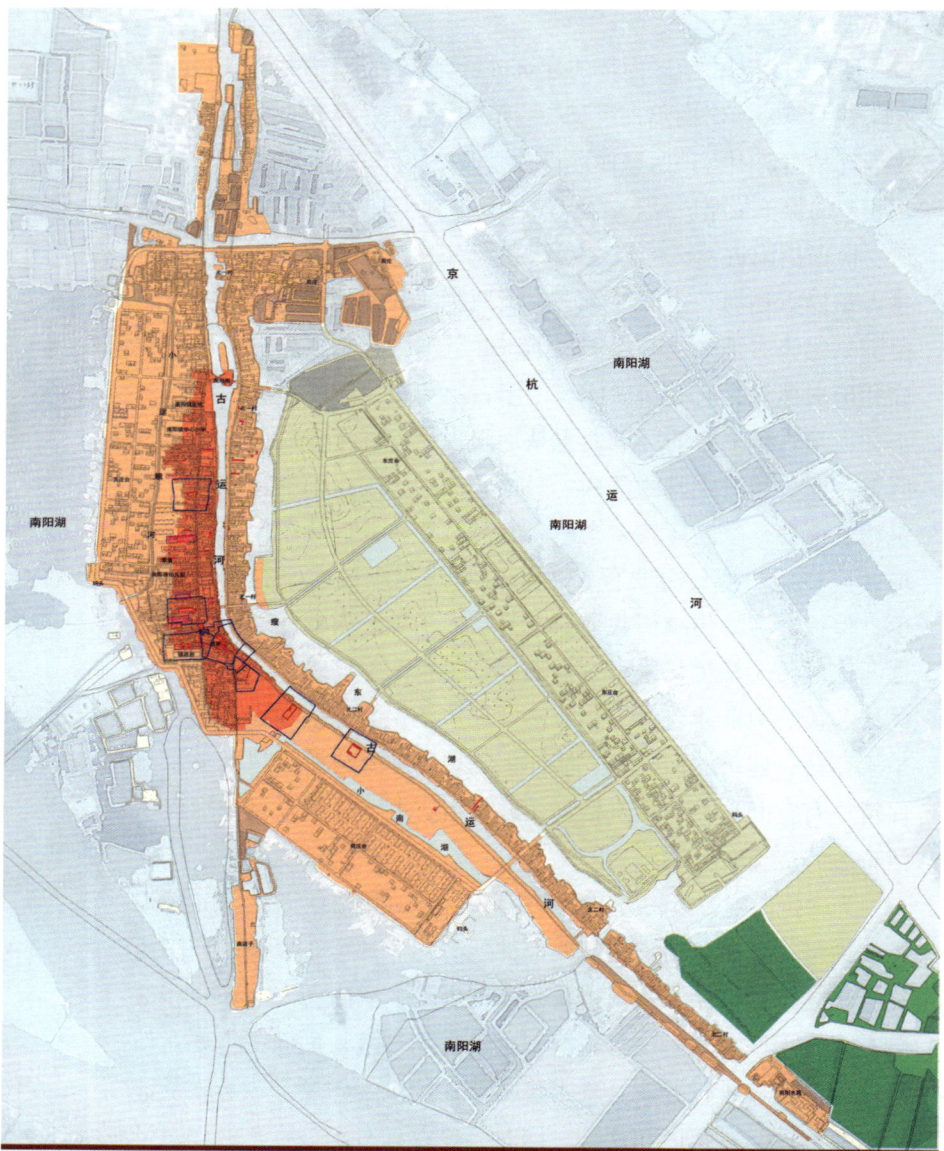

图
例

古镇区:	■ 核心保护范围	文 物:	■ 文物本体	历史建筑:	■ 历史建筑
	■ 建设控制地带		□ 文物保护范围		□ 历史建筑保护范围
	■ 环境协调区		□ 建设控制地带		
	■ 湿地生态保护区				

古镇区保护区划总图

古镇区保护区划总图

京杭运河

南阳湖

南阳湖

南阳湖

南阳湖

2. 南阳古镇镇域内传统村落的保护计划

在经济全球化和中国城镇化快速发展的进程中，南阳虽然保存着较为完整的运河城镇的传统风貌，但是其所在区域原有的城镇传统和功能仍受到较大威胁，老民宅日渐破损而疏于维护，居民私房建设各自为政，新建的安置房改变了历史城镇的景观，机动车交通的需求与街巷石桥产生冲突等等。如何使这些社会因素顺应传统古镇的保护和发展，同时在现代社会中寻求别具特色的生长点，如何提高居民的生活质量，使原住居民成为古镇不可或缺的保护因子，这是在古镇传统村落保护区中需要积极面对的问题。

（1）古镇镇域内传统村落的保护和控制

在南阳古镇外围渔岛村落存在许多富有历史文化内涵，但与古镇的空间布局形态与传统建筑风貌具有较大差别的历史地段，它们代表着南阳镇乃至微山湖地区的另一种类型与特色。渔岛类型的历史村落保护应遵循科学规划、严格保护的原则，保持和延续其传统格局和历史风貌，维护历史文化遗产的真实性和完整性，继承和弘扬传统文化，正确处理社会发展和历史文化遗产保护的关系。

根据镇域传统村落现状调查，这些村落有四面环水的，有与河相望的；整体格局有自由式或呈鱼骨状组织，由中心一条主要河道和沿河街巷组织起内部的街巷网络；民居建筑类型丰富，风貌颇具特色，整体上更新的房子居多，也有不少清代民宅；建筑多为瓦房、青砖或石块砌筑，也有简易式茅草居住房，均有院落分布其中。

根据南阳镇域内古村落自身的历史文化资源条件和影响程度，以及保护状况等，将渔岛村落群的保护和控制分为历史文化村落和历史风貌村落。其中历史文化村落包括龚庄村、柳沟村、王苏白村和建闸村；历史风貌村落为管闸村、李桥村、丁楼村、梁庄村、后屯村、关王庙村、侯楼村等。另外，针对未来修建的跨湖高速沿线的自然村落进行风貌上的控制，杜绝没有地方风貌特色的"方盒子"建筑在沿路视线所及范围内的出现。

（2）历史文化村落和历史风貌村落的控制

南阳古镇镇域范围内的历史文化村落应该按照列级的历史文化名村的保护要求进行管理和控制，划定核心保护范围、建设控制地带和环境协调区。核心保护范围内的建筑物、构筑物根据不同情况，采取保存、保护、暂留、整治、更新等措施，实行分类保护整治。保证古村镇范围内传统街巷的通畅。核心保护范围内建筑风格应得到严格控制，必须以传统风格为主，建筑形态、尺度和色彩应与古村落传统建筑相协调。对于不符合要求的建筑要素及色彩应加以改造，影响风貌的建筑物、构筑物，其严重者应考虑拆除；建设控制地带内新建建筑要严格控制其体量、风格、色彩等。保护古村落内的其他非物质文化遗产和文物古迹。

通过现状调查，鲁南地区留存着有限的古村落资源。在此情况下，南阳镇区的渔岛类型古村落保存较完整，其规模、风貌基本上维持着湖区的传统特色。这些古村落基本上保留着传统格局和历史风貌。确定为历史风貌的村落，在保护与控制要求上也应按照参照上述列级的历史文化村落进行指定。在村镇建设规划中具体划定保护风貌范围和风貌控制范围。应重点保护村落的格局和风貌，保护历史建筑，保留与传统村落相协调的建筑物和构筑物；保护传统街道的线性、街廓等特色要素；控制在风貌保护范围内的新建、增建、改建行为，不得建设阻碍视线和影响风貌的建筑；新建建筑的建筑色彩、尺度、体量、高度应与村镇整体风貌相协调；挖掘和引导非物质文化遗产及其特色，并落实到空间载体上进行展示。风貌控制地带内的新建建筑应与核心保护范围内的建筑风貌相协调，建筑高度进行严格的控制，色彩与风貌建筑协调一致。

南阳古镇区域协同保护区划图

三、非物质文化遗产保护

非物质文化遗产又称无形文化遗产，是相对于有形遗产即可传承的物质遗产的概念。关于非物质文化遗产的界定，根据2003年联合国教育科学文化组织通过的《保护非物质文化遗产公约》的定义："非物质文化遗产"指被各群体、团体，有时为个人视为其文化遗产的各种实践、表演、表现形式、知识和技能及其有关的工具、实物、工艺品和文化场所。根据此定义，"非物质文化遗产"包括以下方面内容：口头传说和表述，包括作为非物质文化遗产媒介的语言；表演艺术；社会风俗、礼仪、节庆；有关自然界和宇宙的知识和实践；传统的手工艺技能。

非物质文化遗产作为人类文明的重要载体，是人类文化活动和创造力的体现，反映了人类文明的丰富性及其价值观的多样性。南阳古镇的非物质文化遗产历史悠久、丰富多彩，传统的节庆活动、艺术表演、手工技巧、民俗礼仪等都属于非物质文化遗产的范畴。

1. 非物质文化遗产的分析评价

南阳古镇的非物质文化遗产蕴涵着南阳人特有的精神价值、思维方式和风俗习惯，构成南阳特有的文化魅力。其从本质上体现了大运河南阳段区域经历千年沉淀而形成的地域文化内涵，集漕运、商贸、手工业于一体的融南汇北的运河文化与融湖岛、渔村为一处的秀丽婉约的水乡文化相互交织，呈现出多元、包容的复杂性和多样性。具体而言，南阳古镇的非物质文化遗产的特色体现为四个方面：

一是运河多元文化的融合。在大运河贯通之前，由于历史发展和自然地理的相对稳定性，运河沿线诸文化区特色鲜明。齐鲁地区地处华北大平原，是正统儒学的发祥地，文化底蕴深厚，民风淳朴，遵循"动不违时，财不过用"的人生法则。然而，大运河这条人工开凿的河流，像一根竹签串糖葫芦一样把南北文化区串联起来，打破了彼此之间的相对隔阂，文化交流洞开，使运河区域的社会理念、生活方式、文化艺术、民俗风情等领域形成多元融合的状态。南阳古镇的运河文化，集漕运、商贸、手工业和渔业加工、商品化的影响于一体，吸纳了吴越文化、荆楚文化、齐鲁文化和燕赵文化的精髓，是具有广泛兼容性、多元性、开放性的文化。高建军先生在《运河民俗的文化蕴义及其对当代的影响》一文中，描述在运河商业文化影响下，"运河区域城乡广大居民有着共同的节日习俗，甚至各地的饮食习俗也因运河而广泛交融。旧时，江南的扬州、江北的济宁居民煮茶皆取运河之水……扬州富商宴席上'饵燕窝，进参汤'……曲阜孔府宴中招待贵宾宴席为'鱼翅四大件'，'海鲜三大件'，故海参、鱼翅、燕窝、鱿鱼、火腿等贵重食品充斥运河城镇市场，如济宁城区就有多家海鲜行"。

二是水乡聚落文化的习俗。南阳古镇四面环水，在河湖汇集、气候润泽的环境中，人们慢慢发展成以水而聚的生活方式，日出而作，日落而居，临湖而栖，逐船而住，早饮运河水，晚食湖鱼鲜，表现出浓郁的亲水情结。日常起居饮食、家具衣饰、节庆活动等都突显出水乡民间文化的特色。渔家婚礼在南阳具有别样的场景，与江南水乡的水上婚礼相似，二者都自然是离不开水的，因此船成为了整个婚礼必不可少的交通工具。迎亲船行驶在水面，伴着一片喜庆的歌声见证了新人结为终身伴侣。南阳的端鼓腔、渔歌、民谣、"拉粮船"舞等民间艺术，融文化性和趣味性于一体，多取材于水上居民的生活和劳作场景，和人们的爱情故事结合，展现出南阳居民对幸福生活的追求和憧憬。

三是水陆祈福文化的心理。在山东，漫长的农业时代是产生民间文化的丰厚土壤，各种艺术形式根植于农耕本土。农耕文化来自乡野，它的形成和发展与乡土环境和民俗文化密不可分。南阳古镇地处山东省西南部，是运河区域的重镇，这里运河民俗与农耕文

状元桥下成为南阳人吹拉弹唱的好去处

化的相互整合和渗透，构成独特的水陆相融的祈福文化。农耕文化主要的特征是靠"天"吃饭，形成人们敬畏苍天，祈求平安、祥和的文化心理。除对上苍的崇拜外，农耕文化注重安稳、平和，冒险、刺激的因素很少，民居建筑墙角处的泰山石，以及家中的桃木核雕都蕴涵着平安、驱邪之意。在运河流域民俗神话中，沿岸百姓虔诚崇拜并神化历史上的治水英杰，以为这些大王可以降服龙王、鼋神等，庇护船只航运平安，使城镇避免水患。于是，南阳人在运河沿岸设置了大禹庙、四思堂，方便过往船民上岸祭拜，亦可直接在行船过程中与之遥望祈福。

四是民间创造精神的呈现。南阳古镇的非物质文化遗产呈现了南阳人的创造精神和民间智慧。这种创造一方面体现在实践层面。在古镇，每年的正月十五元宵节，挂花灯是主要的活动。花灯的制作用苇子经火加工扎制成灯架，底座做成花篮状，周围贴上用红纸剪好的莲花瓣，中间扎成四棱或六棱柱体，周围用水红色的纸围贴上，点燃蜡烛即可。把透亮的彩灯挂在船上，彩灯摇曳，波光粼粼，令人赏心悦目。另一方面体现在百姓的技艺和杂耍能力。跳方、打拉子、翻绳、拾石子等是南阳民间盛行的体育活动。在古镇，经常会看到少女们挽弄着灵巧的小手，变着戏法似的翻着手中的线绳，有的是平桥式，有的是平行的线条，有的像一个长方形的容器，不尽相同。这时，玩游戏的人就会根据其所想象之形随口说出"大桥"、"面条"、"麻花"等等。

2. 非物质文化遗产保护规划

针对南阳古镇环境现状，保护规划本着弘扬非物质文化遗产的原则，保证这些遗产不仅作为历史资料得到静态的保存，还要使其在现实社会生活中得到应用与发展。

（1）保护原则

根据非物质文化遗产的保护目标，其保护应遵从以下原则：

① 原真性原则。作为盛行于特殊历史时期，被特殊群体所珍视的文化遗产，因其独特的内涵而受到人们的关注和保护，只有保证其内涵，包括与内涵统一的形式的历史真实性即原真性，才是非物质文化遗产得以存在的依据。

② 发展性原则。由于非物质文化遗产的特殊社会性，在其保护过程中必须注重遗产随社会环境条件的变迁而进一步得到发展，从而确保非物质文化遗产的生命力。

③ 尊重性原则。需要保护的非物质文化遗产由于所依托群体的特殊性，在进行保护时，必须尊重享用这种遗产所必须遵从的习俗和仪式。

④ 共享性原则。保护是为了促进人们之间的交流与非物质文化遗产的传播，必须加强遗产在社会中的宣传、教育和弘扬。

（2）规划目标

100

古镇代代相传的非物质文化遗产随着其所处环境、与自然界的相互关系和历史条件的变化而不断得到创新、发展，从而保持古镇的文化多样性，促进古镇文化的创新，使古镇的非物质文化遗产在社会中得到弘扬，确保全社会对非物质遗产的享用，同时对享用这种遗产的特殊方面的习俗予以尊重。

由于南阳古镇是以运河商贸和渔业为主导而发展的历史城镇，因此古镇的非物质文化遗产多以古代帝王南巡、渔家打鱼的内容为特色，还有千百年来流传的民间传说、民间信仰。这些宝贵的非物质文化遗产在规划中得到梳理，并在具体的历史遗存中有所体现。

3. 重要非物质文化遗产保护项目

南阳古镇从元代至明清期间因运河的繁盛而兴旺，南阳人古朴的生活历经时代变迁和延续，鲜活地反映了运河区域市镇的人民世代生息的过程。因此，南阳古镇的非物质文化遗产传承应以原住居民——南阳人的文化为核心，内容包括：信仰与祭祀礼仪、民间艺术、传统工艺、节庆活动和老字号传承等。

通过对南阳古镇的非物质文化遗产传承现状及载体环境的调查、分析以及特色性与可持续发展性评价，在规划中确定了下列重要非物质文化保护规划项目和这些项目的传承空间：

表2 南阳古镇非物质文化遗产规划保护与恢复内容

空间格局	非物质文化遗产名称		地点
信仰与祭祀	伊斯兰教		清真寺
	道教	供奉水神	大禹庙、金龙大王庙、新河神庙、龙王庙
		供奉泰山	泰山奶奶庙
		供奉关公	关帝庙
		供奉魁星	魁星楼
民俗掌故、历史遗迹	民间戏曲		戏园子
	名人遗迹		皇帝下榻处、康熙御宴房
	供奉水神仪式活动		金龙大王庙、新河神庙
	漕运与运河闸口的功能展示		南阳闸与月河、金龙大王庙
	商业街上的老字号		刘家染堂、唐家铁炉铺、协成杂货、瑞兴堂、隆升杂货、老公茂酱园、福兴楼、全盛金货、开源香油坊、永和店、顺兴盐坊、胡家点心作坊、福泰酱园、董家染坊、马家店
	特色博物展览		古运河船文化博物馆、南阳湖渔文化博物馆

皇帝下榻处入口门楼

皇帝下榻处保留建筑

福泰酱园

右图：公茂客栈

四、文化遗产展示规划

文化遗产是宝贵的社会资源和精神财富，见证了社会历史变迁，蕴涵了历史底蕴和地域文脉。文化遗产展示，作为一个相对前沿的研究课题，相关实践最早可追溯到20世纪20年代的加拿大和美国国家公园。在世界遗产保护体系的影响下，遗产展示越来越受到国内外的关注和重视。2008年通过的《魁北克宪章》在明确界定遗产展示和诠释的概念、标准术语、目标的同时，提出了七条基本原则：可达性和理解；信息源；注重场地和文脉；真实性；可持续性；包容性；研究、培训和评估。文化遗产展示的内容包括：文化遗产的构成本体、与遗产相关的自然和人文环境、与遗产相关联的各种行为活动，以及从遗产衍生出来的研究、保护和人工干预活动记录。

线性文化遗产是指在拥有特殊文化资源集合的线形或带状区域内的物质和非物质文化遗产族群，往往出于人类的特定目的而形成的一条重要纽带，将一些原本不关联的城镇、村庄等串联起来，构成链状的文化遗存状态，真实再现了历史上的人类活动的迁移，物质和非物质文化的交流互动，并赋予作为重要文化遗产载体的人文意义和人文内涵。京杭大运河作为线性文化遗产的典型代表，它又是一条线性的文化景观，特殊的、动态的遗产线路。这条遗产线路，即文化线路由一系列物质遗产元素构成，其文化意义来源于地区的人文交流和多维对话，在时空上反映了不同对象间的交互作用。

大运河的文化遗产展示规划基于遗产内部空间功能的展示方法，主要可以分为三类：一是延续和恢复历史功能，二是对历史功能进行情景模拟，三是完全摒弃历史功能进行新功能重置。首先，历史功能的延续和恢复是展示遗产文化内涵和人文精神的最佳手段。进行文化遗产展示时，应该尊重并尽量保持其原汁原味的历

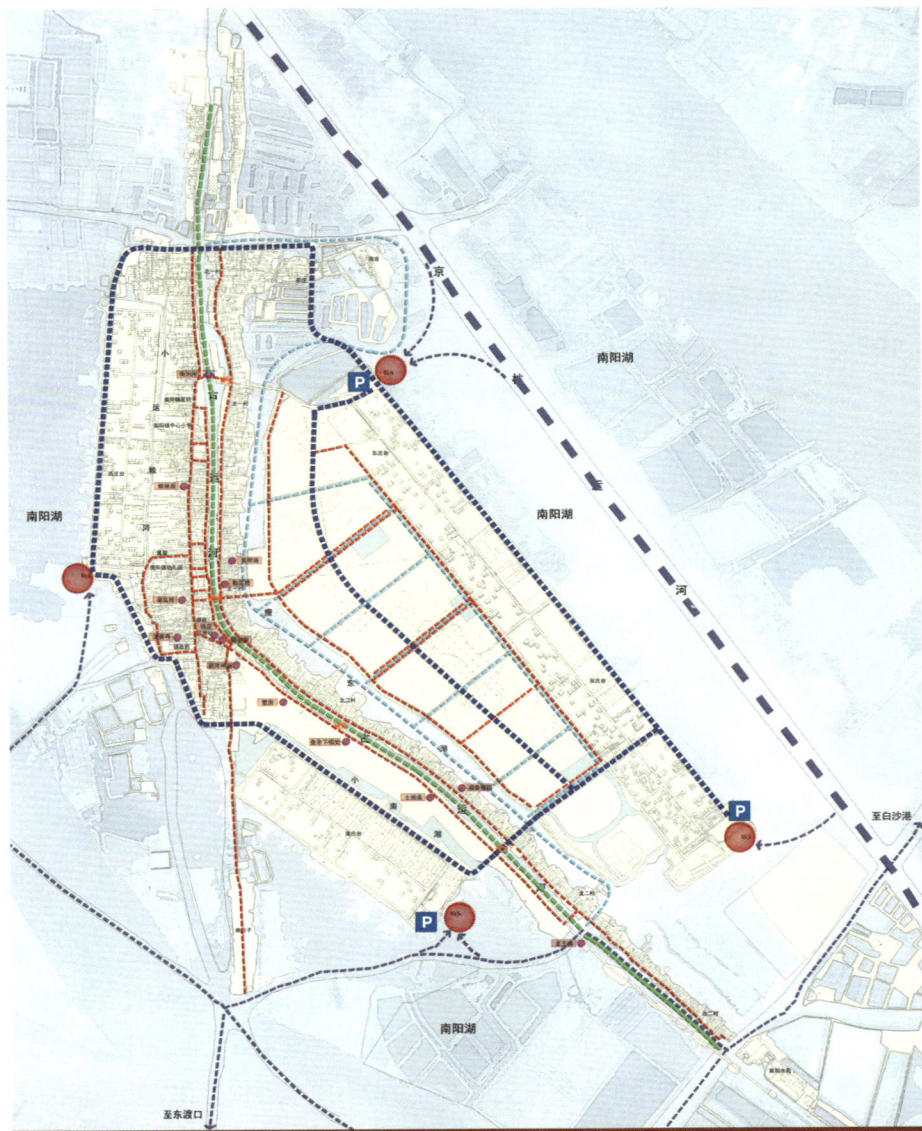

电瓶车环岛游线　　　水上游览线　　　P 停车场地　　　南阳闸

古镇民俗展示线　　　航线　　　桥

运河遗产展示线　　　旅游景点　　　码头

文化遗产展示规划图

南阳古镇文化遗产展示规划图

史传统和空间形态，这对于地域文化特色的延续和塑造具有积极意义。其次，部分遗产遗存的功能由于若干因素已经衰退或完全消失，在有必要的情况下，可以通过情景模拟再现文化遗产地的生活、生产场景，加深文化遗产地的历史感和场所感，有助于受众的参与和体验。最后，对于部分文化遗产的历史功能完全消失且没有必要或无法恢复，考虑到其再利用的要求和发展文化旅游的需要，在不破坏其场所的前提下，可以对其进行更新改造、功能重置，赋予旧空间新的生命。新功能的植入应该以历史遗产的价值评价为依据，以对遗产的干预最小和尊重历史环境为原则，并且应与场所的文化氛围相协调。在产生良好经济效益的同时，保证新旧元素的统一协调，体现文化遗产的历史文化内涵。

1. 运河文化与南阳古镇

运河，作为人类社会发展同自然相结合的产物，在其流动的历史中交融了丰富的文化信息，成为备受关注的一种廊道表现形式。人们开凿运河，通过自身的努力促进社会的发展；运河又联结起不同的自然和社会文化，影响和改变着人们的生活和理念。

南阳古镇在保护规划中所体现的运河文化特性：

（1）运河文化的独特性

运河是中国"活"的遗产，以其跨越的空间范围之广、持续时间之长及曾经发挥过的历史作用，在中国各类型遗产中处于独特的重要地位。只是在大运河的历史变迁中，其主导功能相应进行了调整。曾经的南阳古镇在交通道路方面有着地理优势和货物运输的重要性，曾经被称为"运河四大名镇"之一；而如今的南阳已不能和昔时相比，但仍保存着浓浓的运河文化味道，这种味道洋溢在古镇的每个角落，运河的文化意义和旅游价值确实有待于深层次的挖掘整理。南阳古镇的运河属于京杭大运河鲁运河段的微山湖部分，这段运河与其他段的运河截然不同。

（2）运河遗产的整体性

运河作为"文化线路"，是线性的文化景观，是自然和人文交融发展的综合体，它的地域跨度较大，所涉及内容的范围广泛，不仅仅包括通常所认知的自然和文化遗产类型，还涉及政治、交通、文化、科技、环境和社会等各个方面的问题。运河遗产保护可以说是对历史城镇文明发展状态的综合性保护。

运河遗产包括自然和文化遗产范畴下的多种类型，如自然遗产中的生态环境；物质文化遗产中的可移动文物、单体建筑或建筑群及周围环境、文化景观、历史文化街区等形式；空间形态、生活习俗、民俗文化、手工技艺、表演艺术等多种非物质文化遗产。对运河遗产整体的保护，即是多种类型遗产的保护总和。同时，从纵向来考虑，不同历史时期不同类型遗产记载了运河及其周围地域的发展历程，将横向的遗产类型与纵向的时间脉络结合起来，形成文化线路意义的完整网络。

（3）运河文化的多样性

运河地区的历史文化经水系沟通而形成了时空的交流和融合，通过不同的物质和非物质文化形式体现。对运河遗产的保护，是文化多样性理念的一种体现。"船舶往来，商旅辐辏"，作为粮、盐通道的重要节点，南来北往的商客，他们开设的商号、创办的作坊、产生或带来的习俗，形成了如今南阳古镇积淀的多元文化特色，这种特色影响着南阳的物质遗产与非物质遗产。

2. 文化遗产展示线路

（1）古运河商街展示线路

南阳古镇最大的特点就是大运河贯穿全镇，大运河古时又称"运粮河"，南来北往的船只促进了全国物资的流动，同时也带来了南阳镇的繁荣。规划通过一些旅游产品的打造恢复运河当年的盛景，同时给南阳的发展带来契机。

策划时应该充分考虑下面几个要素：

① 水道：对水道进行清理，保证水面的干净，在一些特殊的地方安置标志性的小品，修建一些古朴的桥梁；

② 船：船作为水上街市的载体，在旅游开发中有着不可替代的作用，船的利用可以多种多样，既可以有大型的游船，又可以有小体量的自驾船只；

③ 岸两边的挑台和商铺：南阳镇运河的水面相对于精巧的南方水乡的河道要宽一些，为了增加船上的游人和两岸商铺的亲切感，建议修建亲水的驳岸码头，这样能方便游人上岸，商铺里经营的项目也要丰富一些，以吸引各类人群的目光；

④ 陆上商业街：青石板的路面和中国传统风格的建筑是展现古代商业街风情必不可少的两大元素；

（2）古镇风情展示线路

以传统古镇格局和景观为基础，以家庭旅馆为特色，恢复一些具有历史文化价值的亭台楼阁和胡同小巷，开展民俗风情体验旅游。

目前南阳古镇的民居主要围绕在古运河和一条陆路主干道的两侧分布，多为青砖瓦木结构，其中一部分建筑已经成为危旧房，亟需拆迁或改造，但主干道两旁的新建房屋必须保持风格的一致。对于一些保存较差的古迹，完全原样的恢复未必适合旅游发展的需要，我们坚持的原则是"恢复外观、功能置换"。

① 历史古迹的恢复和利用：作为一个千年古镇，南阳岛上有很多古迹或遗址，其中大禹庙、四思堂、状元胡同、马家旗杆、杨家牌坊等都有着浓郁的地方风俗和特色，需要根据这些遗迹自身的性质和保护的现状确定不同的开发方案。对于一些保存较好的建筑，建议保留其原状，但要修复其周围景观，同时需要设立比较完善的解说系统，让游客了解这里的历史和传统；对于一些只剩下极少遗迹的遗址，建议按照历史的记载进行恢复，在其内部或周围开设主题展览馆，举办一些相关的活动（比如南阳名人诗文展、南阳历史溯源展等），增加旅客的参与性。

② 当地民居的发掘和利用：部分民居可以改建为旅馆，让游客既可以品尝鲜嫩可口的渔家宴，又可以泡上温、热不同的澡池，还可以听到端鼓腔、渔歌等极具地方特色的戏曲，让他们体会到一种区别于城市生活且又极富生气的古镇风情。合理规划居住用地，整治目前民居的混乱现状，在岛上空地或原址重新建设民居。民居以传统格局、传统风格建设，部分用地用以安置本地居民，部分用作度假设施。

③ 地方特色活动的开展：在运河沿岸一些比较宽敞的空间可以开展一些具有地方特色的活动，譬如组织当地居民表演"拉粮船"等民间舞蹈，或是举办庙会、集市等。

（3）滨水生态展示线路

南阳镇的周围有着很好的生态景观，在滨水生态绿地开发休闲设施，开展以水乡古镇滨水生态为主题的观光休闲旅游，是南阳镇旅游的另外一大特色。

景观设计对于生态观光旅游极为重要，所以在保证现有生态平衡不被打破的基础上，针对水面的处理、植物的选择、建筑的摆放、垃圾的堆放等专项问题必须再作细致的设计；此外，游憩活动的选择也应该以不破坏生态环境为前提。

结合当地渔业、农业的发展，可以划分荷花观赏、水产养殖、野生动物保护等区域，在渔业区，游客可以跟着当地的渔民学习，从拉网、下篮到猎鸭、钓蟹，体验真实的渔民生活。

在风景较为优美的水边，可以修建一些供游人休闲小憩的景观建筑，在室外可以考虑增设唱歌、打牌等娱乐设施，丰富旅途中的娱乐性；同时在一些水深、水质等方面都符合要求的水面开展一系列水上体育运动。

第四章

自然生态

　　每一座古镇的历史文化和自然环境都各不相同。如果说历史文化是古镇的"灵魂"，那么自然生态便是古镇的"灵气"，拥有独特的自然环境、乡土风情是古镇的迷人魅力所在。

　　南阳古镇是微山湖中、运河线上独具特色的古镇。它的四周环绕着辽阔的湖面，镇中贯穿绵长的运河，河岸旁有古朴的民居。在南阳岛周边，散落着大大小小的小岛屿，远远望去小岛、古镇和水面融为一体，形成了"岛在水中，河在岛上，镇在湖中"的特殊的自然生态景观。

一、在乡野中感受清新

1. 古镇区生态环境保护

南阳古镇拥有得天独厚的生态环境，烟波浩渺，碧水蓝天，千顷荷塘，野鸭苇草，优美的自然环境与古镇的历史文化、风土人情相融合，促进了人与生态的和谐发展。由于人类建设活动的大量开展，使生态环境受到较大的影响。近年来面对日益严重的生态环境问题，应提高生态保护意识，对于古镇的气体排放、固体废物处置、噪声控制及滨水植被的保护须提出相应要求，同时利用乡土景观元素营造古镇优美环境，丰富景观生态的多样性，最终达到恢复和保护生态的成效。

（1）大气环境保护

古镇居民生活及生产应使用优质燃料，提高煤气普及率，以减少因使用劣质燃料所产生的污染。提高二次能源（即用电力和石油制品产生的能源代替煤炭）在能源结构中的比例。

（2）固体废物控制

在古镇中应严格控制相关化学品的使用、贮存。统筹安排固体废弃物（生活垃圾、废弃物等）的处理和放置。

（3）噪声控制

古镇的主要噪声源来自东侧的京杭大运河航运，因此在河道西侧应种植一定宽度的绿化隔离带，减少因轮机噪音对本镇居住生活环境的干扰。

（4）滨水植被保护

南阳古镇坐落于南阳岛，四面环水，周边是不可或缺的自然生

南阳古镇的乡土气息

态资源，它给古镇带来生机和赖以生存的给养。陆生植被与水生植被资源丰富。陆生植被以栽种的杨树林为主，其他树种主要有柳树、桑树、榆树等。古镇南部湖区水面区域较大，水生植物分布较多，资源丰富，盛产莲藕、芡实、菱角、芦苇、苦江草、湖草等，其中以莲藕、芦苇为湖区最具特色的植物。对于水体植被而言，需要长时间的维护，保护水体免遭人为因素的影响。政府相关管理部门应组织种植荷花等适合当地水环境生长的植物。

南阳古镇坐落于古运河的航道中，南阳人世代沿河而居，运河文化和渔家文化是古镇最具特色的文化，经过自然环境和历史文化的融合发展，形成了古镇独特的乡土景观。在保护规划和设计利用中应保留古镇自然与原生态的质朴之美，突显其自然之趣，在给乡土景观注入新的活力的同时，使生态环境更自然。

2. 古镇周边湖区保护

南阳古镇至今仍然保持着当地传统渔业、养殖业的发展与生活状态，因此湖区的水环境保护与运河古镇的发展密切相关。大微山湖既是南阳古镇数百年来赖以生存的根本，又是运河古镇整体历史文化景观的一个重要组成部分。在保证当地渔业发展的前提下，退渔换湖的意义十分重大，上到社会稳定问题，下到每个渔民和城镇居民的生活保障问题。对于历史文化资源和历史文化景观的保护而言，湖区是古镇不可分割的一部分，因此应作为一个重要环境要素进行保护。

由于古镇东侧的京杭大运河，为南北水路运输的要道，因此不得种植阻碍行洪的林木和高秆作物。在航道内不得弃置沉船，不得设置碍航渔具，不得种植水生植物。涉及航道的，应由河道主管部门会同航道主管部门批准。

豌豆花开

禁止围湖造田。禁止围垦河流，确需围垦的，必须经过科学论证，并经省级以上人民政府批准。

对南阳古镇的湖区水域来说，除了通航运输、渔业养殖的产业功能外，还担负着重要的水上景观特色营造作用。

3. 古镇内部水系保护与整治

（1）古运河的水环境保护

由于古镇内部的古运河现状具有聚积镇区污水的功能，因此今后随着基础设施的改善，古运河水质的治理是非常重要的。古运河的水环境保护一方面有利于提高当地居民生活环境品质，一方面有利于营造古运河的历史景观。

（2）古运河的保护与整治

为了保护古运河的水环境和水景观，建议对以下方面进行控制。

禁止向古运河河道投放生活垃圾、生活废物，防止水环境恶化、河道淤塞。

禁止大型货运船通过古镇范围内的古运河段，禁止在运河沿线停靠货运船只，防止货运船只对古运河河道的污染以及船只的噪声对古镇区居民生活产生影响。

保持河道清洁，定期对河道进行清淤。河道沿线的驳岸铺砖设计要符合古镇区的风貌特征。

（3）水体生态环境的保护与利用

禁止居民生活垃圾直接排放到水体之中；在局部地段考虑运用自然驳岸，以提供水生植物生长的空间，促进水体自身的生态循环。

古镇荷塘

碧水蓝天，绿意疏影

古镇湿地

历史上古镇的水体生态环境与古镇自身的生活息息相关。水体生态的过滤对古镇的生活污水和雨水排放都具有清洁的作用。古镇保留周边的几块池塘作为湿地区域。湿地区域对今后的水体生态营造和低浓度废水具有处理作用。同时，湿地区域可为古镇景观增添一些野趣。

二、在田园中寻找乡愁

乡愁是儿时的记忆，是长满青苔的台阶，是土灶柴火映红的母亲的面庞，是规划师对返璞归真的呼唤，是在雾霾中挣扎的人们对乡村绿野生态田园的追求与渴望……

田园则是乡野的景观，自然的人文。田园景观是具有乡土特色的地域景观，而乡土特色是长期历史发展过程中留下的痕迹，它的形成是人类与自然协调共生的结果，体现了天人合一、顺应自然、因地制宜的生态内涵。

1. 古镇地理生态特征保护

南阳古镇与南阳岛融为一体。古镇中部有古运河贯穿其中，东面为开阔的新京杭大运河，邻近运河处有近万亩荷塘。古镇东南有大片湿地，水道纵横、树影婆娑，往西则是大大小小的自然生态岛屿，小岛上的连家船三三两两依着湖边停靠，来来往往的小木船载着渔民在广袤无垠的湖面上摇曳穿梭……

在大运河沿线的历史古镇中，南阳古镇能够保留有湖泊、河流、荷塘、渔岛、林带共存的生态环境，是极为少见的。为此，对于镇域历史文化资源的保护以及区域协同的保护，在规划中特别划定了渔岛村落保护区和渔村岛链保护范围；在古镇保护区域规划中，也特别在镇区东南部划出湿地生态保护范围，以保存南阳这片难得的自然生态风貌，确保大运河遗产带周边的景观对话，便于更加有效地保护这"河、湖、岛、镇"相互融合、交相辉映的大地肌理和田园生态环境。

2. 古镇绿化植被记忆重塑

南阳古镇与其他运河古镇比较而言，最具特色的当数顺河而建的建筑，居民的合院一般朝街或朝河，表达出建筑场地对自然环境的尊重、融合。在古镇，历史上的古运河曾是绿柳成行、碧波荡漾，保护规划应当尊重当地原有的植被种植传统，以美化环境、生态可持续发展为原则，在规划设计中将绿化植被与沿岸合院建筑的传统风貌相结合，沿河流驳岸展开，突出运河水乡古镇的景观特征，重新唤起人们对古运河两岸生态场景的回忆。

沿古运河两岸的街巷，一侧为绿树成荫的驳岸，掩映着曲折的廊亭，树荫下石桌石凳，成为南阳人乘凉、闲聊的好去处；另一侧为户户相连的院落人家，家家山墙与运河相对，院门开向街巷河道，在入口处和山墙边随处可见花草盆栽、瓜果爬藤，就是沿河路边、屋檐下，合院中央方寸之地，也有人悉心地栽培两行辣椒或是一丛扁豆和丝瓜。这些各式各样的蔬果植栽，为青砖灰瓦的小镇空间增添了生机盎然的活力，同时也透露出南阳人对质朴生活的热爱。墙角下，随意放置的破瓦罐子、旧瓷盆子，都成为人们栽种小葱、香菜的绝好器皿。南阳人爱好种植的良好风俗，成为支撑古镇环境规划整治工作的重要保证。保护规划主要针对古运河埠头开阔处、居民合院入口处、桥头街巷的展宽处，着重梳理居民的种植小空间，精心布置，为南阳人提供丰富多元的种植场地。

到了夏末秋初，晒荷叶成了南阳女人们最忙碌的工作。无论经过谁家的合院，都会看到房前屋后铺满了绿意盎然、层层叠叠的荷叶；沿河岸边，在古镇老街的广场上，都会看见三三两两的妇女在细心地把刚采摘回来的荷叶折叠成一片片堆放好，接着又整整齐齐地一行行铺放开来。待所有荷叶摆放晾晒的工作都完成了，妇女们

晒荷叶成为南阳古镇夏末秋初一道独特的风景

制作荷叶茶是妇女们擅长的技艺

脸上洋溢出无比灿烂的笑容……晒干后的整片荷叶可以做菜，经过挑选，揉、捻加工后，荷叶可以制成口感清凉的荷叶茶——在南阳，人们以渔为生，与荷相伴，人人爱荷花，人人爱喝荷叶茶，这已成为古镇独具特色的习俗。

第五章

古镇新生

　　南阳古镇古朴厚重的风貌民俗，成为城里人躲开浮世繁华的绝佳去处，然而随着现代经济生活的发展，越来越多的古镇居民希望追求更优越的居住条件和更丰富的生产活动。南阳古镇的发展，不是简单地保存其原有的传统风貌，而是要更深入地进行古镇历史文化的挖掘，保持古镇居民生活生产的完整状态，引入可持续发展的理念，满足古镇居民对现代生活条件的需求，提升原住民的幸福感，同时在更广阔的区域内发挥出古镇独特的文化生态功能，使古镇在新时代发展中绽放更迷人的活力。

一、保护发展

　　每当提到古镇的发展，让人难免联想到与古镇保护之间的矛盾，这也使得如何妥善保护和利用有价值的古镇，为其注入经济、社会发展的活力，使其复兴，成为一个极具挑战性的课题。

　　我国古镇的保护是针对社会、文化、物质环境遭受破坏而产生的一系列措施。如果说保护是要保留良好的环境空间和历史风貌，那么利用，就是梳理合理的历史要素进行使用，接下来的发展面对的是激活再生、持续利用的问题。将保护作为一种发展观，处理好保护和发展的关系是古镇永续振兴的最优途径。对于南阳古镇的保护工作而言，需要遵循原真性、整体性、永续性的原则，在有序保护的基础上，把规划策略纳入保护措施中，坚持合理利用性、整体协调性、生态持续性的发展理念。

　　对古镇进行保护与再利用的时候，有效、合理、持续地发展应当是所有工作的最终目标。

1. 总体保护与发展策略

（1）文化线路保护策略

　　南阳古镇是京杭运河上重要的历史文化城镇，它的兴盛与发展和运河整体的发展状况密切联系。而大运河作为文化线路这一新形式遗产项目，运河沿线所有与之相关的历史城镇的保护，都应纳入到文化线路保护的体系之中，进行系统科学的保护与利用。

（2）风貌保护策略

　　依托南阳古镇周边独特的自然环境，逐步削减对古镇传统风貌不利的设施和项目，增强古镇的整体环境和景观的传统特色，通过适度的土地调整满足城镇人口的发展规模，整治河道两侧和街区内部的建筑立面，恢复南阳古镇上几处鲜为人知的古迹，重塑南阳"运河古镇"、"岛中有河、河湖相依"的景观文脉。

（3）城镇系统整合策略

利用古运河上独特的水利工程设施、运河古镇繁华的商业街市、水上生态渔业观光和水上运河的体验，结合古镇独特的传统风貌和生态资源特色整合成南阳独一无二的魅力小镇的旅游体系，从而形成独特的功能分区和旅游活动功能带，以此提升南阳古镇的活力与人气。

（4）弘扬文化策略

恢复南阳古镇适宜地段的历史风貌，通过强化运河古镇的文化内涵，恢复南阳传统商业街市服务性的功能地位，恢复魁星楼、关帝庙、新和神庙等历史节点的风貌，展示南阳古镇的历史、民俗等多元的文化特色。

2. 保护与发展的原则与思考

（1）保护与发展的原则

南阳古镇的保护与发展应遵循以下原则：

① 切实保护真实历史遗存的原则

切实保护古镇中的文物古迹、历史建筑、街巷肌理、历史水系等遗存实体和物质形态以及它们所蕴涵的真实性的历史信息，积极保护百年老字号、传统工艺等非物质文化遗产。南阳镇是大运河文化线路上重要的节点城镇，应保护好原有的、真实的历史遗存。修复传统建筑，设计新建建筑，应建立在对本地建筑文化严谨调查的基础上，体现地域文化。对不同价值的遗产应分类、分层，充分挖掘南阳古镇历史文化的特色内涵，体现古镇地处济宁运河之都以及南北地域文化交接的特点和多样性。

② 整体保护历史环境的原则

历史文化名镇的保护既要传承历史文化和传统风貌，又要保护自然生态环境和地域风土特征。历史文化名镇由历史环境和自然环境共同构成，包含建筑、环境、格局、肌理以及活动等在内的有机整体，保护中不应将这些元素彼此割裂，而要从整体上考虑它们之间的关系，从历史演进和整体风貌的角度制订系统、有效的保护措施。

通过对古镇建成区、水体景观的改造和对未来庄台工程的建设开发，形成以镇区和三处庄台的四岛合一的"镇、岛、河、湖"自然融合和过渡的古镇景观，构造丰富的生态景观层次，尤其要注重生物多样性的保护和发展、绿化配置的丰富性和层次性。

③ 合理利用、永续利用的原则

历史文化名镇的保护必须与改善民生等相关工程紧密结合，应采取多项政策措施，整体改善居住环境条件，增加基础设施建设的资金投入，整治改善历史环境景观，满足居民现代生活的需求，提高地区的整体品质，实现城市遗产资源的可持续利用。

注重传统文化的传承，注重历史人文层面的挖掘，注重古运河、历史文化街区风貌和历史建筑的保护，强调景观营造的艺术性，强调对古运河文化、传统民俗等非物质文化资源的保护和利用。

充分考虑城镇经济发展需求以及城镇用地、交通等诸多因素的相互制约，综合解决历史人文景观保护与发展的矛盾。在保护的基础上，积极进行文化产业的挖掘和发展，满足新型现代化的历史城镇功能的发展要求。

（2）保护更新和区域协调统筹发展的思考

保护规划的工作主要是保护南阳古镇关于古运河的历史遗迹及历史景观，其次保护古镇与周边自然环境形成的历史景观，保护南阳古镇因河而兴的运河古镇的风貌，以及有特色的地方文化习俗和渔家文化传统。通过对古镇风貌起重要影响的引导性项目的规划设计，以古运河的保护为龙头，"强调与上位规划、同位规划的对接，突出古镇产业的发展，明确古镇保护的内容，注重镇区的经济与社会效益"，引导南阳古镇走上保护与复兴的双赢之路，最终达到在风貌上展现历史文化特色，在功能上复兴和发展古镇的文化旅游功能和生态渔业，在环境设施上改善居民生活环境的目的。

对南阳古镇的保护、利用及发展的规划，是将古镇纳入更为广阔的城市区域空间进行可持续发展的思考的结果。

用区域的、发展的观点分析南阳古镇在微山县，乃至济宁市的地位和发展，分析其在区域旅游体系方面的重要作用，打造"大运河文化线路"下的"大运河遗产之旅"和"北国水乡微山湖"下的"北国水乡之旅"与"滨水度假与运动之旅"；从实际出发，从保护和利用历史文化遗产和精品旅游资源的大局着想，在全面保护南阳古镇风貌和古运河文化特色的前提下，发挥南阳古镇的潜在优势，突出特色，充分利用现存的历史遗产、人文资源，综合发展旅游事业，发展文化经济，彻底改善居住环境，提高居民生活水准。

规划按照"新老结合，与时俱进"的指导思想，确保古镇区与新庄台的新农村建设协调发展，保证"古运河保护与古镇发展并进、文化遗产保护与古镇的旅游开发并进、古镇的适宜性利用与持续发展并进"。

通过规划，促进南阳古镇的保护更新和协调发展，统筹安排各项开发建设项目，为古镇改造更新提供技术指导。

根据总体规划的定位，规划确定南阳古镇是以生活居住、公共服务为主要职能，集中体现古运河文化、传统街市文化、湖岛生态文化的历史文化名镇。

具体体现以下几个方面的职能：

① 大运河文化线路上的著名城镇

京杭大运河为我国历史上的伟大工程，它贯穿京、津、冀、鲁和江、浙 6 个省市，巨龙般地绵亘于祖国的东部，在中国古代的政治、军事、经济、文化等诸多方面发挥了极其重要的作用，为中华文化和人类文明作出了极大贡献。南阳镇作为运河历史文化名镇之一，历史上有"江北小苏州"之美称。这里风景秀丽，气候温和，物产丰富，交通方便，经济繁荣，文化底蕴丰厚，是我国运河上的重要闸口和商埠码头。

② 微山县北部区域的中心城镇

由于南阳镇地处微山县的北部，与济宁市区比邻，并且西与鱼台县接壤，依托京杭大运河黄金水道的便利条件，以其浓郁的运河古镇文化特色和独特的生态资源条件，发展特色的文化旅游和生态休闲产业，必将改变现有的产业发展落后的局面。随着运河文化线路旅游的兴起和古镇生态渔业及相关产业的拉动，南阳古镇必将成为微山县北部区域的中心城镇。

二、运河复兴

1. 非开发性复兴思路

运河地区既是一个整体的自然地域，也是连续的文化载体，这些地区因水而生，因水而兴。随着现代化陆路交通取代水路，此类地区的衰退逐渐凸显，运河两岸的滨水活力减弱，水域的生态环境日渐恶化，因此，水环境问题已成为以运河沿线作为独立整体的历史城镇复兴工作开展的首要任务。

南阳古镇作为运河名镇的保护与发展工作也应放到整个大运河的遗产保护和复兴体系中，贯穿古镇的运河属于京杭大运河鲁运河段的微山湖部分，蕴涵着丰富的历史文化遗产：石桥、埠头、闸坝、古建筑，以及沿岸淳朴的民俗风情。在保护规划之前，南阳古镇面临最严重的问题就是古镇中部运河环境污染，运河名镇特色逐渐消失。首先，古运河水路区成为古镇居民污染排放集中的地点，环境问题亟待处理；其次，古运河沿岸分布的建筑及植被逐渐和居民日常生活脱离，围绕沿岸历史遗存的繁盛时代不复存在；再者，古镇内部的主要道路既是对外交通要道又是人们的生活空间。经过调查、分析、研究，保护规划提出了针对古镇特殊性的发展策略，即"非开发"性质的复兴计划。复兴内容是保持古镇目前的物质环境现状，以改善镇区的生态环境和基础设施为主旨，依靠利用复兴资金，密集投入关键环节来改善地区基本生活。一是不采取大规模建设的复兴方式，将资金密集投入镇中运河水路问题集中地区。南阳古镇水路的保护和发展伴随着古运河的复兴、整治而进行。二是古运河和周边支流具有线性，及外围湖面具有水域整体性特征。运河及支流、湖水水域环境的改善有助于整个古镇环境的提升。

南阳古镇古运河的复兴和整治历程可以梳理如下：

（1）古运河综合整治工程自2008年8月开始实施，主要包括对运河两岸2250米进行清淤护坡、地下管道铺设、道路铺装绿化和亮化工程。在2012年至2015年间，随着大运河申报世界文化遗产的准备工作深入开展，南阳古镇区段的老运河进行了清淤疏浚和加固沿岸堤坝等方面的工作，目前已完成初步工程，实现了古镇中部河道疏浚贯通的计划。在这期间，对镇区内古运河北部的南阳闸进行抢救性保护，其文物本体上建设可逆的工程构筑物，并修建了月河桥。运河两岸沿街及南阳街、书院街、顺河街沿线的环境改造工程也基本完成，其地下敷设给水、电力、电讯等工程设施管线。

（2）在2013年，对运河沿线非历史建筑及景点建筑的立面进行改造整治，完成古运河沿河石驳岸、小码头、沿河景观廊亭的修复或重建工作。沿河建筑工程包括运河两侧廊亭、御宴房等建筑。

状元楼景点

古运河综合整治工程后，两岸绿树成荫，
楼台亭阁、景观小品相映成趣

修复后的御宴房景点

2. 镇区生态水网重塑

南阳古镇区内，古运河和运河支流（小运粮河）织成水网，曾经承担着饮水来源、生活污水排放、灌溉、洗涤用水、漕运等多种生活和生产功能。随着时代的变迁，漕运功能的消失，镇区居民饮用和洗涤用水来自自来水网供给。运河河道作为"公共空间"成为容纳生活污水、倾倒生活垃圾的地方，河流沿岸污染严重，灌溉作用也逐渐被取代。运河支流小运粮河甚至因为要兴建土木而被填埋。在保护规划中，提出重新构建南阳古镇运河生态水网的设想。生态水网的重塑与古镇现状镇岛合一、湖中有岛、岛中有河的格局十分契合。生态水网是"蓝色网络"得以建立的物质基础，是运河复兴非常重要的方面。内容包括：滨水环境的治理、雨污水体系的建立。

随着运河清淤工作的完成，运河两岸景观廊亭的修建也已结束，河边植栽环境的塑造逐渐完善，运河河道实现了居民船只的通行，重新通航的古运河以崭新的姿态唤起了人们对历史的记忆。船只穿梭河中，南阳人在河边打水嬉闹，滨水环境的治理问题日渐明显。在河岸边埠头开阔处，定点设置垃圾回收处，减少岸上居民扔掷的污染物进入河道。每天清晨，镇上的环卫工人划着木船，带着打捞杆，在运河上穿行，趁太阳还未出现时，把漂浮在水面上的垃圾悬浮物捞至船上，再运送到岸边的垃圾回收点。当第一缕阳光照射到古运河上，环卫工人清理后的运河又焕发了生机与活力。

镇区的污水性质较为单纯，主要为生活污水和雨水。保护规划中，排水体系采用雨水、污水分流制。首先，镇区雨水管网规划按照利用地形、就近排入水体的原则，采用分区排水、分散布置出水口的形式。其次，建议污水处理采用可选择的集中式处理方式及人工与自然湿地相结合的实地处理方式，要有地埋式处理一体化设备。以院落为单位建设污水集中治理系统，收集的污水经过地下管道导入人工湿地，进行集中处理。这种方式结合南阳当地的生活习

运河复兴后的两岸美景

惯和街巷空间，符合古镇的经济发展水平。

　　"蓝色网络"的构建，不光是对运河及其支流疏通治理，而且在古镇南庄台开凿了小南湖水系完善生态水网。2013年，在南庄台最南端修建了红色码头建筑，成为南阳古镇重要的对外交通设施和旅游集散地。生态水网的塑造是将南阳古镇的配套设施，诸如办公、教堂、医院、学校和传统商业街串联起来，形成了附加在蓝色网络上的生活网络，使古镇配套设施成为居民日常生活空间的组成部分。

　　生态水网两侧设置慢性系统，方便居民日常生活出行，结合开敞空间节点，成为居民开展公共活动的集聚点。沿滨水区域，修筑的廊亭，在绿荫翠柳的掩映下，成为南阳人共话家常、聚会聊天的场所。特别是运河边上康熙下榻处和堂房，是南阳古镇尚存的重要历史遗址。2012年，在康熙下榻处遗址边上，沿运河侧修葺了廊亭，即"九五至尊"廊亭，结合埠头设置，成为古镇重要的水上码头景点。堂房历史建筑入口处，面向运河，场地开阔，绿草如茵，入口前方保留了一棵大树，至今仍然枝繁叶茂，经过此处的人们，常常停留下来观望。运河边上的历史遗存成为"蓝色网络"的重要公共节点，复兴了古镇遗失的文化生活，激活了古镇生态水网空间。

康熙下榻处 "九五至尊" 廊亭

沿河堂房历史建筑

三、胜景重构

1. 街景环境整治

  南阳古镇上的老街虽然保留着适宜街道步行生活的空间、功能特征，但街道环境却由于缺乏自我更新的机制，逐渐破败，街道步行生活特性逐渐衰减。街景整治，即对特定的街道进行景物与建筑的综合整治设计，其作为一种温和渐进式的城市更新方式，成为改善古镇老街的环境品质，延续古镇历史文脉，唤醒街区"微小人文关怀"，加深游客心理印象的有效手段。

（1）南阳街地段街景

  整修前：南阳街，南阳人简称"老街"，位于古镇核心区，南北走向，南端连接书院街，北部直达南阳闸，是南阳古镇历史上最为热闹的商业中心。街道均以青石板铺砌，两侧为石垒台阶，台阶上建构厦檐，有"晴不见日，雨不漏水"之说。其中部贯通的状元桥，为石拱桥，是古镇历史上的重要节点，重建于20世纪90年代。

  整修后：2012年，南阳街进行了整修和立面改造工作，南阳景区旅游管理委员会采取系列的惠民政策，与改造建筑户主协商，共同为沿街立面建筑的改造工作出谋划策。对沿街商业建筑采取了保护性修缮工作，恢复了南阳街上的老字号商铺，让南阳老街重新焕发了昔日的风采。

  可是南阳街上，个别建筑仍处于危房状态，保护规划指定的保护建筑——清真寺、皇宫所、娘娘庙，目前尚未得到相关部门的重视，古镇对于恢复历史上的标志性建筑仍持谨慎的态度，故而南阳街上至今尚未对相关历史性景点进行恢复。

现状立面照片

147

N-W₇ 　 N-W₈ 　 N-W₉

建筑编号	N-W₇
综合评价及整治措施	D
屋 顶	W₂
墙 体	Q₂
门	M₂
窗	C₂

建筑编号	N-W₈
综合评价及整治措施	B
屋 顶	W₂
墙 体	Q₂
门	M₂
窗	C₂

建筑编号	N-W₉
综合评价及整治措施	D
屋 顶	W₅
墙 体	Q₅
门	M₅
窗	C₅

南阳街西侧整治措施

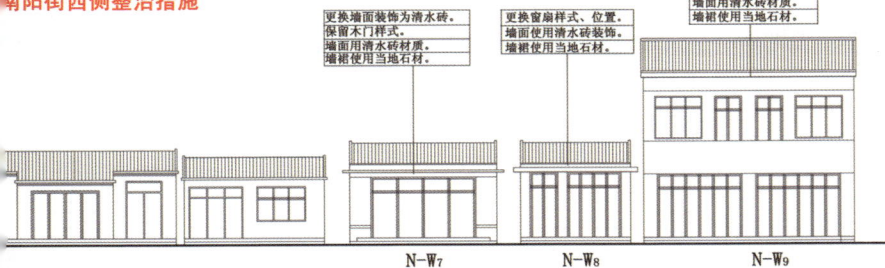

更换墙面装饰为清水砖。
保留木门样式。
墙面用清水砖材质。
墙裙使用当地石材。

更换窗扇样式、位置。
墙面使用清水砖装饰。
墙裙使用当地石材。

局部更改屋顶形式。
更换窗扇样式。
墙面用清水砖材质。
墙裙使用当地石材。

N-W₇ 　 N-W₈ 　 N-W₉

南阳街西侧规划改造立面

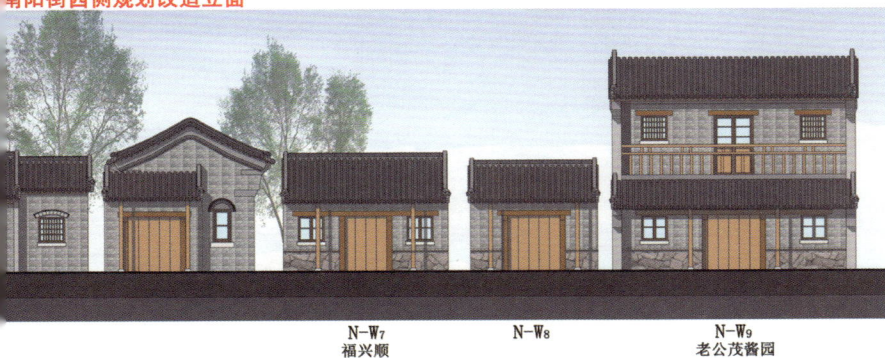

N-W₇
福兴顺

N-W₈

N-W₉
老公茂酱园

南阳街立面整修策略图

"老街有行"——南阳街西侧立面现状

"老街有行"——南阳街西侧立面改造意

南阳街西侧立面整修效果图

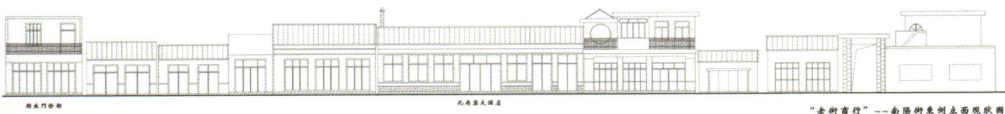

街大门局部   孔南莹大酒店   "老街商行"——南阳街东侧立面现状图

街大门局部   锦花绸布店   戏台   太和细店   杨茂楼   "老街商行"——南阳街东侧立面改造意向图

南阳街东侧立面整修效果图

"老街商行"透视效果图

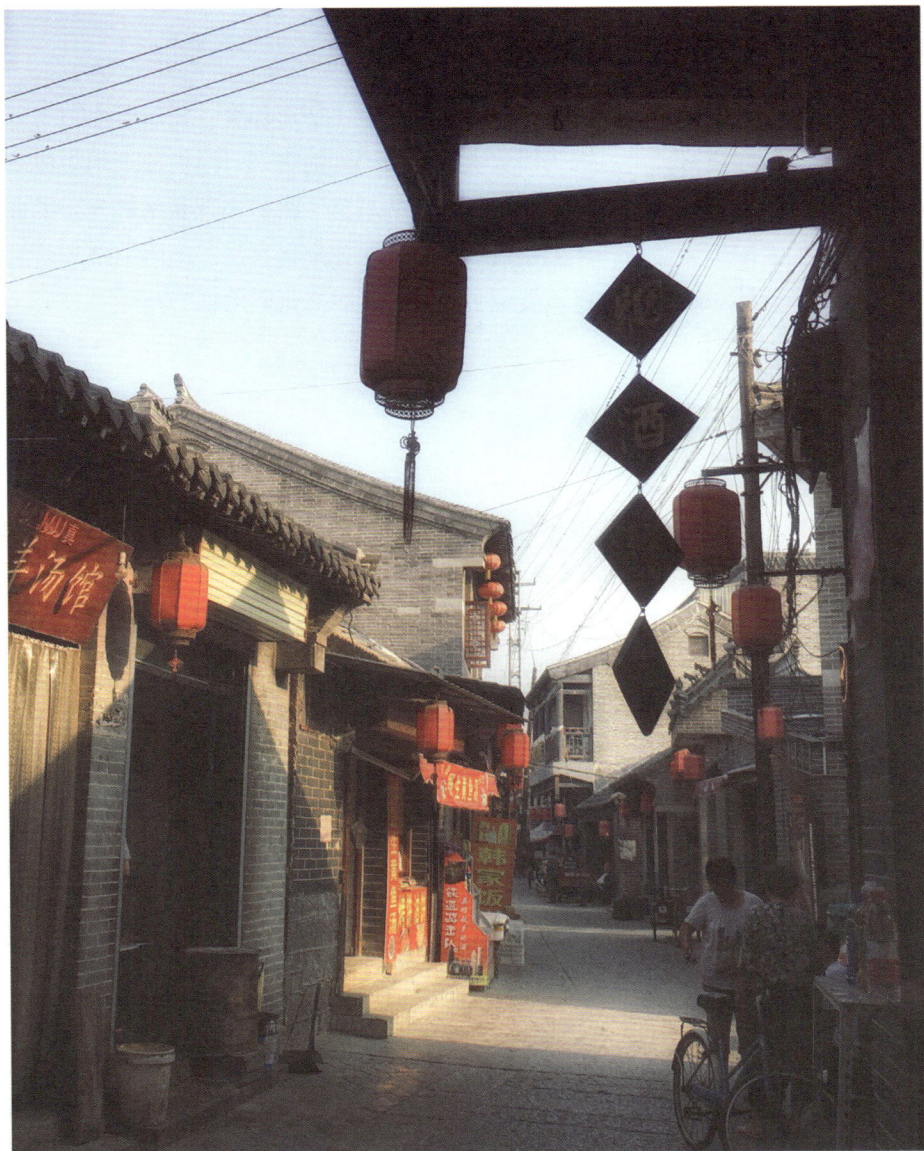

整修后南阳街现状

（2）书院街地段街景

整修前：书院街，与南阳街形成丁字形相交，正对着南阳街上的碧霞宫，街道因为历史上有南阳书院而得名。沿街建筑均为传统民居，目前大多为下商上住，前店后宅。街道中部和南部分布了重要的历史遗存和保护建筑——钱庄、康熙御宴房、南阳书院和新河神庙。这些历史建筑展现了古镇深厚的文化底蕴。

整修前的书院街景

修复前的康熙御宴房

整修后：2010年，古镇对钱庄建筑进行修缮和院落整治工作；2013年，对康熙御宴房建筑进行修复工程，逐步恢复了这两处历史性景点的魅力。南阳书院和新河神庙因其位于2013年公布的省级文物保护单位新河神庙遗址上，因此不能采取完全复建的方式。

书院街的统一整修和立面改造工作与南阳街是同一年，街景整治的主要措施是：修复破损的屋顶瓦檐，更换门窗为传统样式，外墙改造为青砖饰面，沿街增加披檐。

书院街建筑整修现场

书院街商铺整修现场

书院街新貌

月色下的书院人家

2. 河道环境整治

南阳的古运河是古镇水生态环境的重要载体，既是古镇环境独特的风景线，也是南阳人民安居乐业的母亲河。岁月的迁移，古运河的漕运职能逐渐消逝，运河日益干涸，居民的生活污染和旅游污染日渐成为运河的主要的污染源。随着古镇保护规划的制订和实施，改善环境、河道整治的工作提上日程。污染源的调查和清除是治理水环境的基础，是清理运河河道，使之疏浚贯通的重要步骤。

保护规划从景观生态设计角度，重新审视古镇中这份宝贵的资源，以改善古镇生态环境，提高人们的生活质量。从整个古镇的景观系统和整个水环境的生态功能出发，提出以生态优先的方式利用自然资源，整治方法采用技术的多样性和针对性，注重水质的提高、水环境的改善和水生态系统的完善，规划岸线景观，营造人水和谐的河道环境，建设可持续发展的生态古镇。

（1）古运河北段两岸环境

整治前：古运河北段，北起南阳闸、月河桥，南至状元桥，这是南阳古镇沿河历史遗存保存最多的部分，一侧是山墙起伏、宅邸比邻，另一侧是院墙疏影。原南阳闸周边的漕运管理仓库，状元桥东侧的关帝庙、魁星楼，如今已不复存在，被民居和各种搭建民房所取代，令人惋惜。

整治后：拆除河道两岸影响古镇风貌的搭建建筑，修葺驳岸和运河码头，沿河种植垂柳、桃树等景观树种，对河岸的滨水绿化空间进行梳理和有层次的改造。

修缮运河两岸的传统民居建筑和历史建筑，包括外墙青砖饰面处理，更换木质窗格，修葺屋顶，民居院落入口门头改为双坡传统样式。

157

一、材质

整治前现状	整治方式		整治后效果
1．红砖	粉刷灰色涂料	灰砖	
2．水泥	墙面缀以砖缝分割线 墙面缀以青灰色面砖	灰砖	
3．红瓦	屋面整体更换成小青瓦	小青瓦	
4．石材	保留、清洗、翻新	石材	

二、建筑构件

整治前现状	整治方式		整治后效果
1．屋顶现状	平屋顶整体改成坡屋顶 坡屋顶屋面整体翻新	屋顶改造 意象	
2．侧山墙	按当地传统山墙形式整治	当地传统 山墙形式	
3．院墙、 　院门	按当地传统院墙、院门 形式整治	当地传统 院墙、院门 形式	
4．窗户	按当地传统窗户形式整治	当地传统 窗户形式	

运河沿河建筑立面整治导则图

（2）古运河中段两岸环境

整治前：古运河中段，从状元桥到延德桥段，是南阳古镇古运河段沿河景观最具特色的部分。运河在此段由南北走向转为东南走向，在河道转向处，曾经有多处文化特色建筑，钱庄、御宴房的后院，堂房、皇帝下榻处的主立面就是历史上运河西岸亮丽的风景，可惜时过境迁，这些景点已被毁坏或因日久失修而倒塌。从如今所见的历史遗存，仍可感受到当年的繁盛景致。

整治后：2010年至2013年间，古镇对运河中段沿岸建筑进行了风貌改造和整治。其中钱庄和御宴房建筑就是在这期间完成了修缮和复原工程。

通过对运河两岸景观视线的分析，进行了滨河风貌的整治。按照规划设计方案，在东西两岸增建了沿河廊亭，有双亭相交、亭阁层叠、廊亭互接等，形式多样，隔着古运河遥相呼应，互为景观。

（3）古运河南段两岸环境

整治前：古运河南段，从延德桥至铁桥，一直通往北二村的南端，是南阳古镇最具有生活气息的部分。两岸是鳞次栉比的民居，民居院落入口朝向运河，入口处均有一方小菜园，田园氛围浓郁，部分民居建筑周边搭建了一些简易小屋，与运河沿岸的传统风貌并不协调。

整治后：拆除了运河两岸不符合历史风貌的搭建建筑，对传统民居建筑进行整修，特别是对具有文化遗产展示价值的民间制作工艺院落进行积极的修缮整治。通过对古运河的整修，恢复了运河传统条石驳岸的砌筑方式，沿岸石栏凳和地面铺装都采用了传统样式。

遗憾的是：2013年，顺河街沿线地块进行了整体拆迁改造，该地区目前依然处于空置状态，亟待完成后续的工程设计。运河西岸往日传统居住院落场景，今已不在，透过高大的景观树木，露出南庄上新建的5层高的居民安置房，影响了沿河历史建筑风貌，令人心痛叹惜。

古运河西侧立面现状图

古运河西侧立面整治意向图

古运河东侧立面现状图

古运河东侧立面整治意向图

运河两岸建筑立面整治效果图

运河南部新建的旅游码头

3. 历史建（构）筑物保护修缮

（1）钱庄

修缮前：钱庄，位于书院街中部，始建于清代，原为两进，修缮前曾作为传统民居，后空置，建筑日久破损,部分构建毁坏腐烂。

修缮后：钱庄作为南阳古镇重要的历史景点。修缮不仅涉及建筑内部维修和围合院落的整理，还包括沿书院街入口的修建和沿运河面修复后院院门、围墙，整治周边环境等。钱庄建筑包括门厅、正厅、掌柜房、账房等，如今均已得到修复。

修缮前的钱庄建筑

钱庄建筑修复空间效果图

（2）南阳闸

修缮前：南阳闸，位于古运河的北端，东临修复的月河桥。南阳闸最早建于元至元十九年（1282年），始建时为草木结构，元至顺二年（1331年）重建，明宣德七年（1432年）改建为板闸，后又改为石闸，清乾隆三年(1738年)再修，加顶面石2层。漕运新渠建成后，南阳建闸官厅，清乾隆四十八年(1783年)、嘉庆四年(1799年)皆有重修。1958年圮毁，修缮前，尚存石结构闸座。

修缮后：在大运河申报世界文化遗产的进程中，南阳古镇区段的古运河，进行了清淤疏浚和加固沿岸堤坝等方面的工作。其间对南阳闸进行了抢救性修缮，工程主要包括对南阳闸桥的维护和周边护坡修筑，在文物本体上建设可逆的工程构筑物，并修建了东部的月河桥。

164

南阳闸月河桥修复空间效果图

修缮前的南阳闸，周边景观环境堪忧

修缮后的南阳闸月河桥，碧波荡漾、景色宜人

4. 院落环境修复设计

（1）沿街院落空间

在传统街巷中，对传统院落进行修复设计时，把老街两侧的街巷，包括运河和后院，都作为一个完整的空间来考虑。沿街院落第一进店铺大多建议恢复传统老字号商铺。

店铺之后的原有居住宅院更新为商业性、文化性的居住功能与公共服务功能混合的院落空间，同时，保留一部分原住民的家居空间，让原住民的生活与现代商业文化相互渗透。这样在修复完好的民居院落空间中，注入了地方文化主题和运河地域特色，形成了具有生命力的民间技艺展示馆、传统手工制作间、特色工坊、民居客栈等。

（2）沿河院落空间

南阳古镇沿河传统民居院落的整体布局与古运河的走向息息相关。沿河院落的主入口均朝向古运河，空间布局和朝向并不拘泥于北方民居的形制，具有典型的运河民居的独特性。沿河院落的修复设计严格遵循南阳的居住文化特征，院落有一进和两进布局。多数院落沿运河侧考虑一处双坡形式的传统门头，门头一侧或两侧通过院墙与建筑相接，形成两合院、三合院的形式，主入口两侧为厢房，入口正对方向为正房。少数居民人家在沿河入口侧，设置倒座形式，形成四合院的形式。

在院落环境修复上重点恢复南阳古镇特有的"运河花园"的大格局。在院落入口处形成一条完整的休闲小菜园景观带，修复每户不同主题的沿河内部院落，保留古树，种植花卉，保留原有的石磨石盘，形成富有特色和趣味性的场所，突显居家田舍的院落风情。

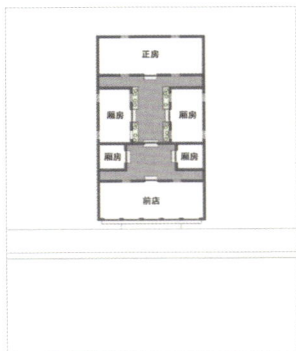

沿街两进四合院平面图

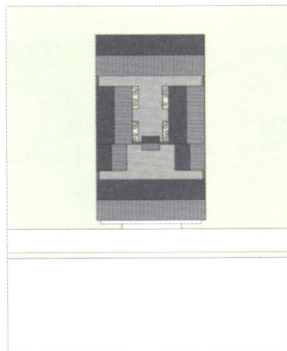

沿街两进四合院屋顶平面图

沿街两进四合院正立面图

沿街两进四合院侧立面图

沿街两进四合院空间透视图

沿河两合院平面图

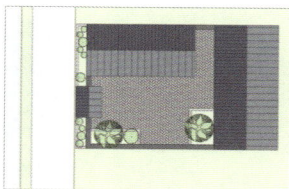

沿河两合院屋顶平面图

沿河两合院正立面图

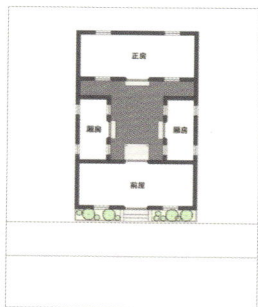

沿河四合院平面图

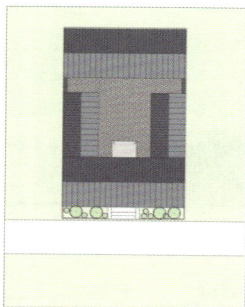

沿河四合院屋顶平面图

沿河四合院正立面图

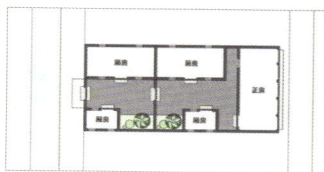

沿河两进四合院平面图

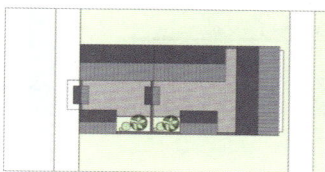

沿河两进四合院屋顶平面图

沿河两进四合院正立面图

沿河两合院侧立面图

沿河两合院空间透视图

沿河四合院侧立面图

沿河四合院空间透视图

沿河两进四合院侧立面图

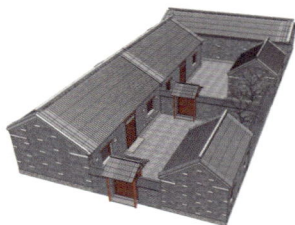

沿河两进四合院空间透视图

5. 文化空间还原构想

　　"古运河两岸传统生活空间精华展示带"是南阳古镇有别于其他古镇的独一无二的公共空间。古镇保护规划在提炼和挖掘大运河文化特色的基础上，展现还原这一文化展示空间带。一方面，处理好运河与民居院落之间的空间关系。现有沿河街巷经过整治后时而开阔，时而狭窄，利用驳岸边缘绿化空间，设计连接沿河居住院落和古运河的景观小品；修葺传统水码头，砌筑拴船石柱，引入传统渔家船停靠运河两岸，把传统的纯居住空间转化为半公共空间，人们穿梭在运河两岸，步移景异，可以感受历史上运河昌盛繁华的风情。另一方面，修缮复原历史遗存，如魁星楼、关帝庙、新河神庙、堂房、皇帝下榻处等文化展示场所，恢复老字号商铺，如钱庄、御宴房、福泰酱园等。沿河增设了为人们提供观赏和休憩的景观廊亭：如状元桥下的歇山亭成为南阳人曲艺表演的聚集地，钱庄后院的双亭则是老人们闲话家常的场所。另外，沿河也新增了与景观廊亭结合的亭阁旅游服务设施建筑，如皇宫所、状元楼、鱼馆、茶楼等。

　　文化空间的还原不仅仅是历史环境的再现，而是依托南阳当地民间文化的生动展示，使传统空间和建筑艺术相互依托，交相辉映。

杰阁跨河景点复原效果图

运河漕运客栈夜景效果图

漕运客栈紧邻书院街

四、美境再生

轻轻芦苇，飘飘荷叶，声声蛙鸣，丝丝鸟语，片片轻舟，匆匆渔夫……这是南阳古镇给人们留下的景观画面。浓浓的乡土气息，纯纯的古朴风情是南阳古镇独特于其他运河古镇之处。乡土元素中的水、绿、渔、艺等要素构筑了古镇的生态、人文特色景观，"乡土景观"成为南阳保存乡土特色、传承历史文脉的载体，鲜活地记录了古镇的历史景物，有机地营造了古镇的人与自然的文化场景。

"乡土"一词源于拉丁语"vernacular"，其含义为家乡、故土、地方、区域之意。乡土的出现使"乡土景观"的概念也被广泛提出。俞孔坚先生的《论乡土景观及其对现代景观设计的意义》、《生存的艺术》等著作，论述了乡土景观，其主要观点为："足下文化与野草之美"，"重视乡土性，回归土地与人的真实关系"。"乡土景观"是生态系统的源泉，包含四个层面的含义：第一，保留再利用场地中的景观元素；第二，保护生态环境，利用乡土植被和材料，就地取材，减少设计对环境的影响；第三，关怀、理解人文历史，弘扬乡土文化；第四，引入现代艺术，与当地文化交融，为景观增添活力。

1. 再现乡音乡趣

乡音乡趣，即为乡土之事，是指乡土文艺活动和生产劳作方式，与地域民风民俗的形成息息相关，它是"乡土景观"的动态的、精神文化层面的内容。"文艺活动事件"是人们为了满足社会文化建设和身心愉悦所从事的文化活动与娱乐行为，是当地民俗特色的重要体现。"生产劳作方式事件"是人们生产劳动过程中包含的技艺和社会价值活动事件。这些内容多以非物质文化遗产形式呈现，体现在日常生活中，不易被人们发掘。

南阳古镇中"乡音乡趣"的再现过程，由场景还原和生产劳作组成。一是历史文化场景的还原，基于历史文化环境原型，将民俗文化、民间传统节庆场景中的戏曲，如端鼓腔、渔歌等表演活动，在构建的景观场所中展现，激发人们对传统民俗文化的回忆。在古镇运河中段，状元桥下的歇山亭映衬在葱葱绿柳中，令人回味起古运河的过往之事；每到夜幕降临时，南阳人自发聚集在亭下，有吆喝搭台的，有吹拉弹唱的，有细说谈笑的……展现了南阳人传统文化娱乐生活的场景。二是通过参与民俗或生产劳作活动，体验乡土文化。只有让人们去认识乡土器物和劳作活动，身临其境地感受古镇的文化生活，才能让他们深刻体会到乡土文化的意境。南阳古镇周边四面环水，每天太阳初升的时候，划着小木船的渔民穿梭在湖中，载着远道而来的游人撒网捕鱼，体会渔民辛勤劳作的生活。在浩浩荡荡的南阳湖上遍布着万亩荷花，每逢夏季，南阳的姑娘们，带着游人结伴出行，沉浸在一片片荷塘美景中，人们挥桨探藕，起身捞叶，弯腰摘莲，低头寻花……真正体验到湖上观荷的乐趣，参与到南阳人摘菱采莲的生产劳作中。上了岸的荷叶，晒干加工后，大都要制作成清香可口的茶叶，游人可以与三三两两的南阳妇女一起筛、挑、搓、捻，参与到荷叶茶的制作活动中，更加深入地感受南阳的渔家文化，领略古镇的乡土情怀。

2. 传递乡情乡韵

随着经济和社会的快速发展，逐渐消失的乡土文化，日渐引起了人们的关注。因为有"精神"的存在，乡土的感情才能深深烙在人们的记忆深处，保护好渗透在乡土中的历史文化，才能真正留住一方水土，留住它独特的历史风貌和格局，留住那份美丽的乡愁。

乡愁情结是对"乡情乡韵"的依恋和回味。"乡情乡韵"主要指地域的人文精神、乡土情结等可以感知的非物质形态模式，它

老街上"下湖划船"的招牌

通过自然环境与人的活动相结合而传达出一种乡土情怀和乡间韵味，代表着人们对家乡、故土的深厚感情。在古镇中，传递乡情乡韵是希望凸显当地的文化内涵，唤起人们对古镇文化的历史记忆。基于对地域的历史文化、风土人情等人文要素的了解，运用乡土元素中的水、绿、渔、艺等要素转化为物质空间或人的活动形式。转化过程的方法有：序列延伸法，即将分散的景观文化、片段整合组织在一起，形成统一的景观面；点题凸显法，就是对原有的乡土文化直接还原、梳理和再现；场景再现法，即把原有的乡土文化特色放大，通过当地人的文化活动结合空间，激发人们对传统文化的关注度，勾起人们对乡土文化的回忆。

南阳古镇周边是浩淼的湖水，中部是悠长的运河。"水"——是古镇重要景观元素，它通过湖区生态和古运河环境呈现出来，与其他的乡土元素相结合，展现出与自然、民俗文化相协调的乡土景观。"绿"——即为水域周边的特色植物景观，根据地形的变化，营造出天然的驳岸景象，增强了乡土文化气息。在保护规划的基础上，结合"绿"主题的乡土特色，在古镇区外东南部分，整合散落的小岛，规划为乡野生态游憩区。这是一片水生植物分布较多的区域，盛产荷花、藕、芡实、菱、芦苇、湖草等，其中荷花和芦苇为最具特色的乡土植物。规划区内最大化保留乡土植物，应用苇草、莲蓬构建乡土生活小品，营造出智、艺、绿、憩、居五处生态之岛，形成统一的、具有较深文化内涵的水域景观，传递出南阳湖岛天堂的乡土之韵。"渔"——南阳古镇的居民大都以打鱼为生，随着生活经验的积累便形成了独特的渔家文化。在古镇的老街商肆，坐落着大大小小的渔具店。这些店家的生活和劳作正是渔民的日常经历和"渔"文化的鲜活再现。店中的渔具，包括渔网、鱼篓和木质渔船工艺品等，是渔民在日常生活劳作中的积累形成，这些老街上的乡土小品不仅承载了一定的历史，还体现出南阳的乡土渔情。"艺"——是古镇的民间工艺，是南阳人在民间经过发展流传而形

年过古稀的老妇是编织蒲扇的能手

渔民们把采摘回来的莲蓬和苇草制作成手工艺品

成的艺术作品，是传递乡土情怀的重要组成部分。古镇传统的民间工艺品芦苇编，是南阳妇女闲暇之余，比试手艺的娱乐趣味活之一。沿着老街，便能见到古稀老妇、姑娘少妇在各家屋前，用苇草进行现场编织的画面，她们一边劳作，一边吆喝，一边欢笑，编成蒲扇、蒲团、菜篮、草篓等工艺品，各式各样。民间工艺的活动就在人们的参与中，通过实物展示出来，传递出浓浓的民风民韵，此情此景，勾起了人们对乡土生活的深深眷恋。

五、文旅共创

在全球化和地域特色激烈竞争的背景下，古镇是中国传统文化传承与彰显的重要依托。古镇保护则是全球化背景下保护地域特色的重要手段，持续发展又是古镇保护的基本诉求。旅游发展是古镇振兴的基本策略，也是被历史证明的成功经验。将保护作为一种发展观，本无可非议，体现了当代文化遗产保护理念的重要转变。然而，随着古镇旅游的快速发展，多数古镇又相继出现了一系列新问题新矛盾，影响了其进一步发展。保护与旅游之间的矛盾并非是不可调节的，而是可以转化的。文化创意旅游发展，即"遗产保护+旅游发展+文化创意"的复合发展，这是古镇保护与发展的最优途径。

1. 旅游发展路径

（1）背景分析

自2007年以来，南阳古镇历时8年，由湖中小镇发展为中国历史文化名镇，镇区内基础设施日趋完善，但是，未来如何成为驰名中国的综合旅游度假区？如何成为区域性旅游目的地？如何实现景区可持续发展？这仍然是我们亟待思考和持续面临的问题。

南阳古镇现有历史资源特色明显，人文底蕴深厚，现状是：

① 古镇风貌应得到保护和受到人为破坏并存；

② 严控运河沿线用地与古镇用地开发无序并存；

③ 古镇特色水陆交通多样与对外交通单一并存；

④ 古镇基础设施建设初见成效与生活品质有待提升并存。

并且，古镇在旅游方面的问题也日渐突出：

① 交通方面。对于自由行游客（尤其对以高铁、飞机为主要交通工具的外地游客），进岛交通瓶颈仍未打开，广大散客的可到达性较差。

② 管理方面。岛内外交通和景区内各经营商户，大多各自为政，散乱经营，未形成有序的管理模式和业态布局，易形成无序竞争，较大地降低了游客的满意度和体验感。

③ 产品方面。目前仅属于初步开发的观光型景区，缺少内容和互动，缺少体验型产品；目前提供旅游服务的品质不高，仅能满足一般标准的看、吃、住等简单要求，缺乏深度的产业链开发。

④ 市场方面。目前古镇游客多是一日游、周末游，游客停留时间短，且回头客、度假客有限，不能转化为持久、反复的深度的消费力量；政府前期较大的基础设施投入，打造了客流基础，但并未从旅游产业的发展中得到持续回报，难以可持续推动后续建设。

古镇的发展虽然仍存在各方面的问题，当下，国家绿色发展政策和文化旅游市场需求正成为古镇寻求振兴突破的契机。中国大运河申遗成功为南阳古镇提供了新的发展机遇；美丽乡村建设与中国历史文化名镇保护为南阳古镇提供了展示其乡愁与文化魅力的平台；生态文明的发展与生态宜居环境的发展要求，使南阳古镇迅速提高其在区域中的影响力；南阳古镇的开发建设为南四湖，乃至鲁南苏北地区的联动发展提供了催化剂的作用。

南阳古镇的旅游发展，以科学发展观为指导，根据山东省南阳古镇景区历时八年，由湖中未名小镇发展为中国历史文化名镇，镇区内基础设施日趋完善，但是，未来如何一跃成为驰名全国的综合旅游度假区？成为区域性旅游目的地？实现景区可持续发展？

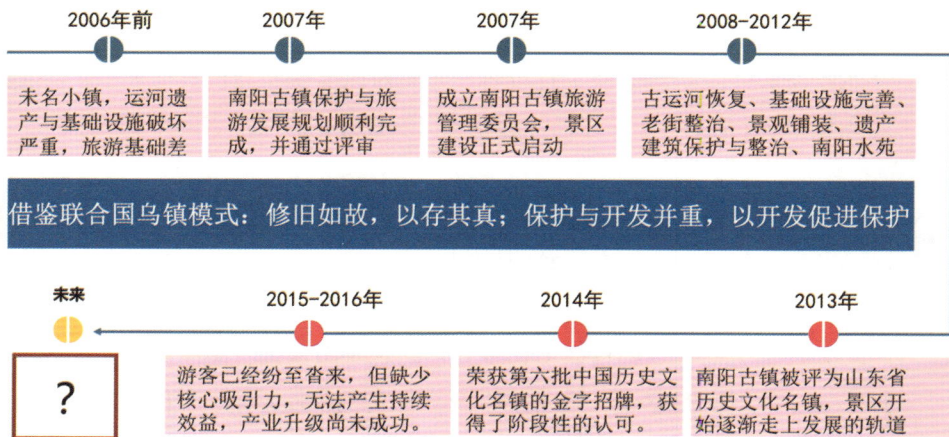

2006年前	2007年	2007年	2008-2012年
未名小镇，运河遗产与基础设施破坏严重，旅游基础差	南阳古镇保护与旅游发展规划顺利完成，并通过评审	成立南阳古镇旅游管理委员会，景区建设正式启动	古运河恢复、基础设施完善、老街整治、景观铺装、遗产建筑保护与整治、南阳水苑

借鉴联合国乌镇模式：修旧如故，以存其真；保护与开发并重，以开发促进保护

未来	2015-2016年	2014年	2013年
？	游客已经纷至沓来，但缺少核心吸引力，无法产生持续效益，产业升级尚未成功。	荣获第六批中国历史文化名镇的金字招牌，获得了阶段性的认可。	南阳古镇被评为山东省历史文化名镇，景区开始逐渐走上发展的轨道

南阳古镇旅游发展路程示意图

"十三五"规划纲要，贯彻绿色发展理念，展现生态山东新形象，倡导生态文明，坚持节约资源和保护环境的基本国策，坚定走生态良好的文明发展道路，推进绿色低碳发展，实现人与自然和谐共生。

（2）发展理念

古镇的旅游发展首先要遵循规划先行理念。旅游规划可确保古镇发展成功的可能性。古镇的竞争力来自该地区可用来组装旅游产品的资源或资产与该地配置这些资源的能力这两方面的组合。首先，南阳古镇编制保护规划工作是对古镇核心保护区、建设控制地带和风貌协调区的保护控制，也是对文化遗产、历史遗存、景观资源和生态环境的综合协调。其次，古镇编制旅游发展规划，将可持续发展作为旅游规划的核心思想，避免因过度强调旅游开发带来经济效益，而忽略以人为本的规划理念，避免长官意志的导向，避免崇商逐利的行为，避免环境资源的破坏。

南阳古镇的旅游发展需要思想突破、范围突破、产业突破、产品突破，遵循转型升级理念。一是起点升级，从山东省级历史文化名镇，升级为世界文化遗产（大运河）的重要历史城镇和中国历史文化名镇；二是定位升级，将南阳古镇放在全国和跨省区域层面上进行重新审视和研究；三是旅游理念升级，把古镇从景点观光旅游向全域化旅游升级；四是人居环境和民生标准升级，从原有村民居住地向苏鲁皖豫及高铁沿线城市居民的第二寓所升级；五是在区域之中的地位升级，南阳古镇由地方性旅游目的地上升为华北及华东地区重要旅游目的地。

南阳古镇位于济宁—徐州都市群，可接纳苏鲁豫皖客流，消费人群基数巨大。同时，借助高铁网络的形成，未来可积极拓展目标市场，打造区域性休闲旅游目的地。在旅游消费市场蓬勃发展的背景下，南阳古镇的旅游发展应遵循产业复合理念。一是小产业复合，吸引吃、住、行、游、购、娱旅游六要素的有机集聚，与个体传统产业结合，形成具有集聚效应的旅游商业服务区。二是大产业复合，着眼全域旅游产业构架，积极推进休闲旅游与文化、体育、商贸、健康、教育和生态农业等相关产业的有机融合和互动发展。

（3）定位目标

南阳古镇旅游发展的总体定位是：以大运河文化遗产、南阳古镇为主体，以鲁南四湖优质的湖上生态环境为特征，以高品质的人居环境为特点，充分保护、展示、利用中国历史文化名镇南阳的各类文化遗产，打造中国大运河上唯一格局完整留存的千年古镇。

古镇的宣传创意来自微山湖日落西山的画面：西边的太阳快要落山了，微山湖上静悄悄，只有南阳岛，依然很热闹……提炼为"千年水镇夜南阳，湖岛运河艺天堂"的旅游宣传标语。

南阳古镇作为生态资源丰富的湖中运河古镇，是历史人文景观完善、旅游服务设施多样的旅游度假体验地，将成为中国旅游的新标杆。古镇的旅游发展目标是：打造中国最文艺的运河古镇，最健康的乐活水镇，最清新的湖中氧岛，最生态的水乡渔岛。

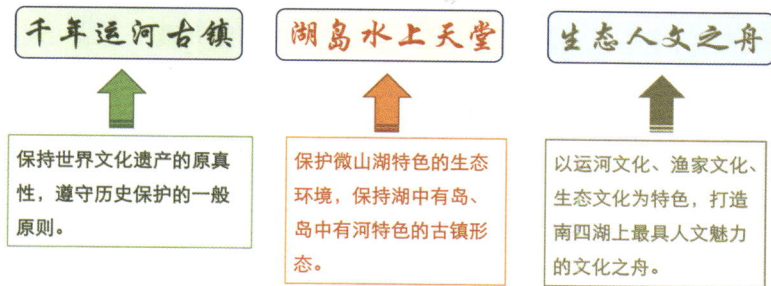

南阳古镇旅游发展定位

（4）核心策略

如何使古镇旅游发展升级？如何引领古镇可持续发展？对于南阳古镇而言，基于现状的分析评判，规划总结出三个核心策略：一是全域旅游化。核心古镇修缮保护，外围地区风貌延续与协调，新区传承文化灵魂，整体要处处渗透"南阳风韵"。二是体验多样化。摆脱传统旅游消费和体验项目单一而重复的模式，要向需求生活化渗透。三是消费全时化。传统旅游季节性时段较强，波峰波谷差异大，项目设置要考虑全季节、全时段都能吸引客群。

① 全域旅游化

目前南阳古镇的传统景区面临发展瓶颈：圈景式景区发展模式；景点开发集中于观光旅游，产品单一；经营业绩与游客满意度双低；景区旺季拥堵。

引入全域旅游化景区模式，其特征相比传统景区有五点不同：不以观光为目的；崇尚到处都是停留点；注重旅游体验，以旅游活动为中心；打破简单门票模式，强调全域内开放；强调旅游主体普及性、旅游对象广泛性、旅游空间开放性、旅游方式自由性。期望未来，人们在南阳古镇能享受到的是一种"随地逛逛、随时发呆、随意放松"的"慢生乐活"的生活方式。

南阳古镇跨地域全域旅游：形成北接太白湖度假区；东接独山岛、红荷湿地；西接鱼台孟楼湿地、旧城海子；南接沛县、微山县城、微山岛、台儿庄古城的旅游大格局。

南阳古镇辖区内全域旅游：构建南阳岛西部岛链——"私密岛群+庄园集群区+休闲综合区"。打造南阳镇域内"一岛、一河、一村、一闸、一山"黄金旅游带，即南阳岛，经古运河，至王苏白村，至建闸，至独山岛的旅游线路。

南阳古镇镇区内全域旅游：营造东趣—西渔—南情—北体—中运河的古镇旅游板块。

东"趣"——最清新小镇：以南阳水苑为核心，梳理、规划周边原生态湿地资源，以会务游、家庭游、亲子游、户外拓展为主打市场，打造"原生态乡趣湿地游憩区"。

西"渔"——最乡土小镇：以西侧游客码头为重点，以鱼市为核心，结合周边街区，打造鱼市+渔街的"渔文化"主题街区，将民俗观光、互动体验、主题餐饮、艺术衍生等融为一体，打造南阳古镇"渔文化风情体验区"。

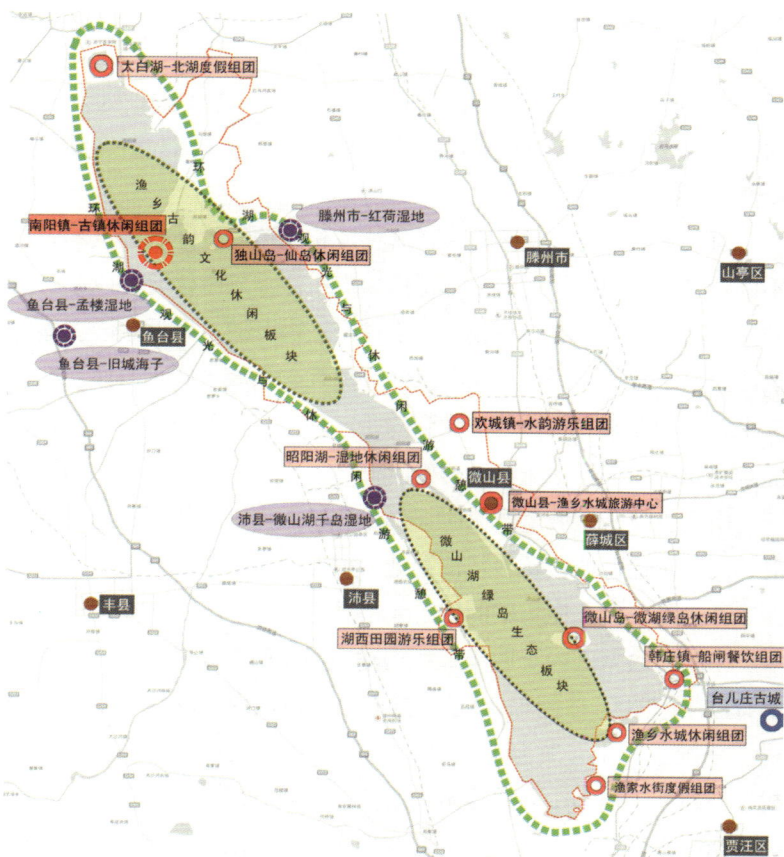

跨地域全域旅游分析图

南"情"——最文艺小镇：以南店子为核心，以其独特的三面滨水优势，结合泰山奶奶庙、长桥卧波等景点，以商务客户、白领、知识分子等为主打市场，打造禅修、文艺、怡情的"水上风韵创意区"。

北"体"——最体育小镇：结合新镇区建设，以新区文体中心为核心，结合内湖淡水浴场、水上活动区、环岛运动步道、慢行自行车道等运动设施，将全民运动、慢生活、体育产业等融为一体，打造南阳古镇"滨水体育休闲区"。

中"古运河"：依托古运河和老街商埠，提升互动和内容体验，突出遗产活化，进一步完善"一河两岸"的历史人文核心景区。

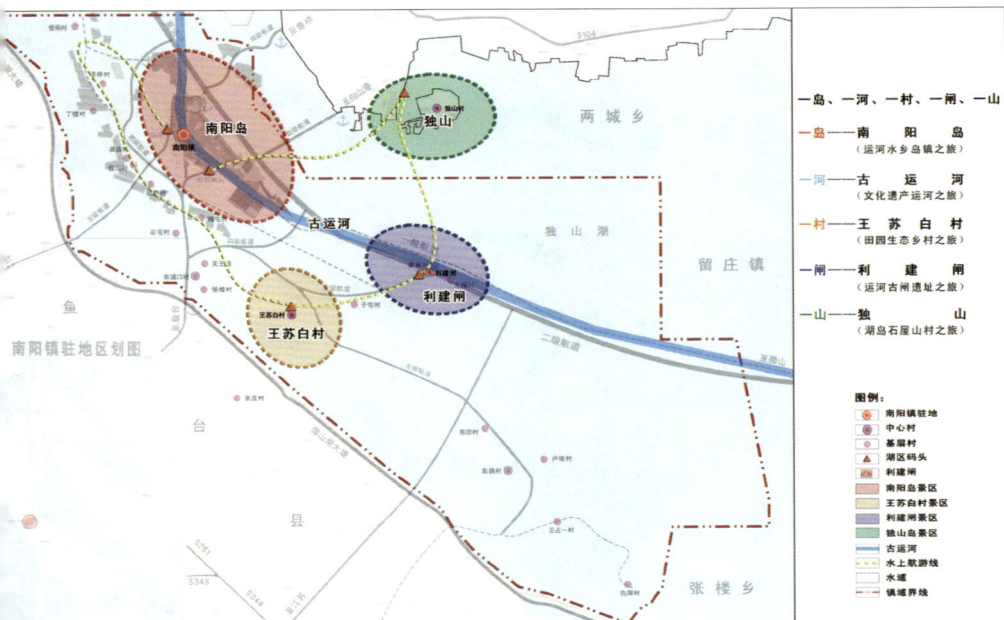

辖区内全域旅游分析图

南阳本羲图咏
苑中撒荷香　世外桃花庄
康乾欽致此　君已爱湖上
小津印三月　河畔闹莺柳
本苑安澜圆　柳叶春风掠

南阳水苑建筑效果图

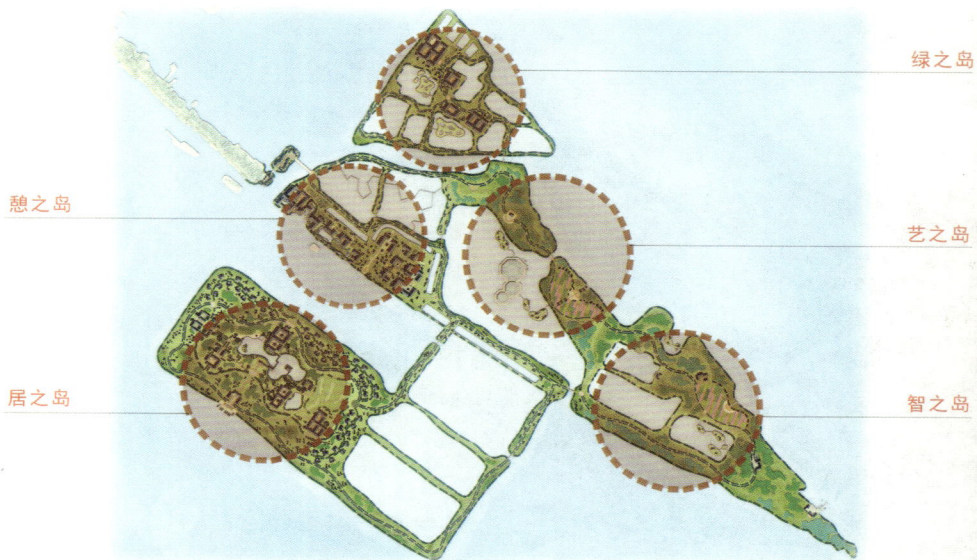

绿之岛

憩之岛

艺之岛

居之岛

智之岛

旅游规划以"南阳水苑"建筑为核心，打造"原生态乡趣湿地游憩区"

渔民之家
当地风情居住

摇橹渔家
渔家人文展示

美食工坊
游客餐饮

渔人码头
自然风光展示

洗尘广场
游客接待

渔民之家
当地风情居住

水族世界
鱼类科技展示

西庄鱼市
鱼类交易市场

旅游规划以西侧游客码头为重点，打造古镇"渔文化风情体验区"

南店子现状

右图：旅游规划以南店子为核心，打造古镇"水上风韵创意区"

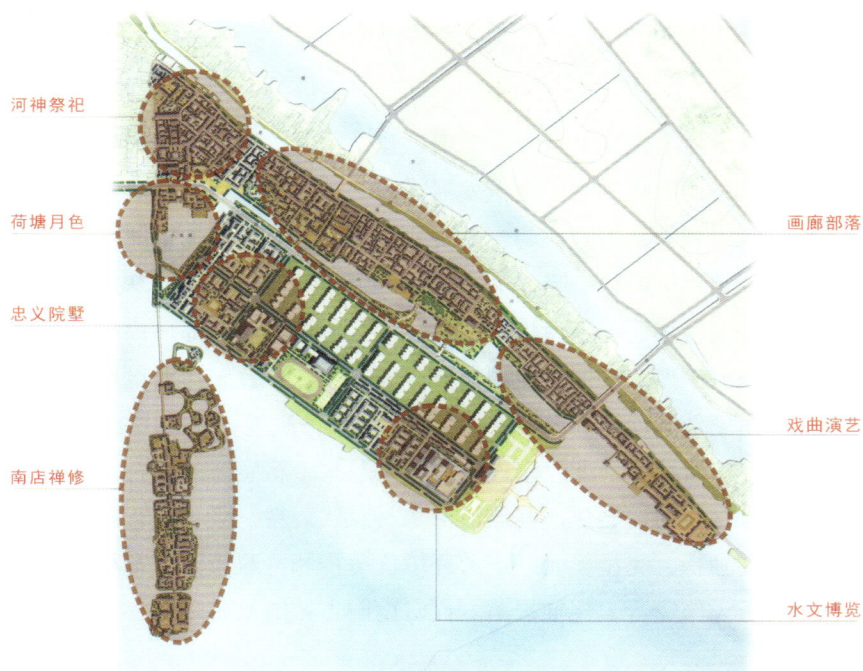

河神祭祀

荷塘月色

忠义院墅

南店禅修

画廊部落

戏曲演艺

水文博览

② 体验多样化

借鉴国内外优秀古镇发展的成功案例，在南阳古镇的旅游感受上营造由闹到静、由古镇到乡野、由文化民俗到生态探险之旅的体验多样化；旅游产品的多元化、个性化；旅游线路灵活组合，以期丰富游客体验。

提升古镇传统旅游"吃、住、行、游、购、娱"六要素的服务化水平，在南阳古镇中形成精品旅游区，具有多样化、特色化、本土化特征。扩展新游憩"文、修、展、养、康、研"六要素的旅游项目，形成多维度的旅游体验感受。

③ 消费全时化

在南阳古镇营造出四季美景：满园春色、激爽夏日、金色秋天、魅力冬情。一年中365天，都有层出不穷的古镇体验项目，一天中24小时，都能和南阳人一同感受美好时光的流逝。从春日到冬季，从白天到夜间，古镇创造连续不断的消费点吸引游客进行全时化消费。

（5）模式管理

南阳古镇的旅游发展项目建设运营以三步递进式策略进行，最终迈向精品旅游度假发展模式。第一步，提升核心景区，采取统一和规范主景区的管理方式，加强核心景区的空间建设，提高主镇景区的核心吸引力；第二步，全域体验增长，从核心景区到外围接壤区、新区梳理整合，风貌一致，生活品质内涵提高，实现旅游度假动能向四周自然生长；第三步，整体升级优化，重点由硬件向软件升级转化，强调提高服务质量，体验质量和品位。

精品旅游度假模式是"原味"与"新感"的结合，即立足地域化走向创新化。其旅游形象具有代表性、吸引力，旅游产品个性独特、类型多元，旅游环境优美祥和，政策开放宽松，旅游服务设施完善，标准规范。面对南阳古镇的旅游现状，若需要向精品旅游度假模式升级，在管理上有四方面建议：一、对现有业态统一规范管理。二、对未来业态统一招商引导。三、对所有商户统一服务标准。四、对游客统一发放代购门券。

南阳古镇的旅游管理可优先参考乌镇模式：所有权、管理权和经营权分离。"政府主导模式"中政府不作为以及无法紧跟市场经济开发浪潮的弊端，容易造成景点开发无亮点，竞争力弱等；"经营权出让"模式中的无法有序管控商业企业乱开发等现象，容易造成商业氛围浓厚，景区管理混乱等局面。通过政府主导，企业化运作，能够避开两种模式的弊端，发挥各自的优势：如法律的制定和执行、文物的抢救和保护、居民的搬迁都离不开行政力量，而资金的投入、对市场风向的感知，都需要对市场具有高度敏感和资源丰富的企业。

2. 文化创意产业

（1）文化挖掘与传承

2003年，联合国教科文组织通过《保护非物质文化遗产公约》（以下简称《公约》），将文化遗产的保护对象从历史文物和历史遗迹扩大到非物质领域。2004年，经全国人大常委会批准，我国正式加入该《公约》，这是对我国"非物质文化遗产"保护的一种推进。

对于非物质文化遗产的保护和发展，必须树立"从遗产到资源"的科学发展观，需要人们清晰地认识到，作为某地域的文化资源不仅具有历史价值、审美价值、情感价值，还具有经济价值。而且，与一般资源相比，地域文化资源具有原创性、唯一性和稀缺性，是最能体现文化差异性的文化资源，因而具有经济增值性，蕴藏重要的开发和利用价值，能够为地方发展特色文化产业提供重要基础。

如果说南阳古镇呈现在世人面前的是独特的空间格局和运河风貌，那么地域文化就是这些空间所承载的内在灵魂。缺失了地域文化的内涵，再美丽的空间也仅是一副空空的驱壳。因此，对于地域文化的保护、挖掘、传承和发展，是古镇旅游业能够可持续发展最重要的基石。

古镇代代相传的非物质文化遗产随着其所处环境、与自然界的相互关系和历史条件的变化而不断得到发展，从而保持古镇的文化多样性，促进古镇文化的创新。我们需要通过合理的保护和发展，使古镇的非物质文化遗产在社会中得到认可和弘扬，确保全社会对非物质文化遗产的享用，同时对这种遗产的特殊方面的习俗予以尊重。

运河地区的历史文化经水系沟通而形成了时空的交流和融合，通过不同的物质和非物质文化形式体现。对运河遗产的保护，是文化多样性理念的一种体现。"船舶往来，商旅辐辏"。作为粮、盐通道的重要节点，南来北往的商客开设的商号、创办的作坊、产生或带来的习俗，形成了如今南阳古镇积淀的多元文化特色。南阳古镇是以运河商贸和渔业为主导而发展的历史城镇，因此古镇的非物质文化遗产多以古代帝王南巡、渔家打鱼等内容为特色，另外还有千百年来流传的民间传说、民间信仰，这些宝贵的非物质文化遗产在规划中将得到梳理，并在具体的历史遗存中有所体现。

表3 南阳古镇文化类型、组成及要素表现形式

文化类型	文化组成	要素
物质文化	生产	捕鱼、采莲、摘菱、烧饼、酱园、油坊、腌制、茶叶等日常生产
	服饰	衩裤、蓑衣、毛窝、脖锁、手耍、脚镯
	饮食	羊肉汤、面、饼、鲜鱼
	民居	两合院、三合院、四合院
	历史遗存	清真寺、钱庄、御宴房、皇帝下榻处、新河神庙、土地庙、南阳闸与月河、状元桥、延德桥
	交通	岛外坐船出行、岛内慢行交通
制度文化	节庆	春节、元宵节、二月二、清明节、端午节、六月六、七月七、七月十五、中秋节、重阳节、十月一、腊八、辞灶、圣诞节、主麻日、斋日、宰牲节
	婚育	渔家婚礼、喝喜面、走满月
	寿诞	吃鲤鱼"窜一窜"
	祝贺	浇船头、温锅
精神文化	民俗活动	庙会、夜市、排船
	民间艺术	端鼓腔、渔歌、"拉粮船"舞
	民间杂艺	踢毽子、跳绳、跳方、拾石子、打拉子、翻绳
	宗教信仰	伊斯兰教、道教、基督教、水神、妈祖、关公、大王

（2）创意产业与引导

文化越来越成为一种重要的资本。

文化创意产业，则是文化与创意相结合的产物。从经济和社会的角度来说，文化创意产业发展最重要的资源是人，而且是开放的、流动的，具有多元化视角和思维的人。人的多样性带来文化的多样性，而创意正是在这种不同文化间的交流、碰撞中产生的，这也为文化创意产业发展带来了活力和动力。必须加以强调的是，文化对创意产业发展的强大动力作用，主要在于文化资源正日益成为经济发展的核心动力。文化资源不仅可以是物质(如建筑)，也包括象征性地域活动和诸如地方手工艺产品等非物质文化遗产。

与传统文化产业相比，文化创意产业最为核心的要素是"人的创造力"，即人们创造新事物的能力，特别强调"创意"的作用，而且这些创意必须是原创的、个性化的、有价值的。实践表明，"地域文化"和文化创意产业彼此需要，相互促进，并且能够创造出一个更加美好而宽广的空间。

南阳古镇传统的旅游模式，大多以乡村观光和民俗体验为主，从另一角度来看，"土"味有余，创意不足，普遍缺乏个性和特色。通过文化的导入、创意的提升，则能迸发出完全不同的产业活力。

在南阳古镇的旅游发展中，可以重点强化以下四个方面：

① 住宿产品的创意打造：规划建设特色民宿、渔家客栈、生态岛居、精品酒店等多种产品，并突出南阳古镇的地域风情和文化特点。

② 地方美食的特色提升：对于游客而言，美食是最基础也是最直观的旅游体验，全力提高地方美食的质量，让美食成为古镇代言产品之一，是最好的推广方式。

小巷深处的民间创意标识

③ 旅游商品的文创设计：旅游商品的地方文化内涵是吸引游客、展现地方文化的一个重要途径。但是，在众多传统景点的旅游商品中，出现了一些值得注意的现象：一种是不佳的地方产品，缺乏品质感，满足不了大多数游客的审美需求；另一种是外来的旅游商品，与当地文化关联性不高，但为了符合都市游客的购买心理，而对外宣称是当地的特色旅游商品，对游客带来了认知上的模糊错乱。而在日本、我国台湾，基于地域文化的文创产品的设计与开发，是极其重要的产业基础和盈利渠道，更是强化地域文化特色的对外窗口。在南阳古镇，应该立足运河文化、渔家文化、生态文化，深入挖掘文化要素，通过创意提炼，打造出独有的旅游商品。

④ 民俗表演的文化挖掘：古镇的民俗文化表演分为两大类：一类是日常生活或者节庆的地方表演，一类是舞台展示类的表演。但无论哪种表演形式，都需要与当地文化紧密相连，通过舞台剧等多种形式，打造符合当代旅游市场的创意产品。结合南阳丰富的民俗风情，可以重点打造相关的民俗节庆创意旅游产品。如：

南阳古镇庙会：开展南阳古镇庙会和旅游商贸文化节等旅游节事活动，以浓郁古朴的商业氛围、独具特色的旅游商品和各种传统的民间曲艺节目表演吸引游客参与；

运河漕运文化节：举办南阳运河漕运文化节，再现明清时期南阳漕运的繁忙景象和沿运河两岸商业的繁荣，并可以漕运为主题开展水上竞技等游客参与性活动；

古镇夜市：开发古镇夜市，恢复古时的售卖习俗，同时开展丰富多彩的民间娱乐节目，延长游客的逗留时间；

民间传统活动比赛：定期举办一些民间传统的娱乐比赛项目，增加旅游产品的参与性。

老人们自组戏曲班子，闲暇时切磋弹唱艺，为古镇旅游增加了活力

南阳妇女自建的花鼓队，
成为古镇一道亮丽的风景线

3. 居民参与模式

（1）参与感知

生活在南阳古镇的人们，大都是原住居民。随着旅游的发展，居民是古镇最核心的利益相关者，他们对旅游发展的感知和态度是古镇旅游状况的"晴雨表"。

旅游提高了南阳的知名度，增强了当地居民的自豪感，增强了他们作为古镇主人翁的意识。居民逐渐认识到古镇的历史文化、传统工艺和民俗表演是当地独一无二的特色，与旅游发展密不可分，他们自觉地参与到传统文化保护的工作中。外来游客与南阳居民的交往过程中，游客行为会对居民产生潜移默化的影响，促进本地居民对外来文化的学习和交流，同时本地居民也作为旅游大使的角色，向外来游客传递南阳古镇的人文历史风情。

南阳的旅游发展，也促进了当地的经济发展，部分本地居民参与到旅游文化、商业和休闲产业中。除了传统的生产劳作之外，通过旅游，增加了古镇居民的就业机会，激活了南阳人的创新意识和创业精神。

旅游发展为古镇重新注入了经济活力，带动了当地居民的就业增长，提升了居民的生活品质，有效促进了和谐文明社会的创建。与文化感知和经济感知相比，目前，本地居民对环境感知相对较弱，对于自家生活垃圾的收集、排放缺乏文明化意识，对于景区旅游形象的树立塑造缺乏统一化认识。因此，对古镇的保护发展和对古镇旅游环境的治理，极为必要和紧迫。

（2）模式管理

南阳古镇的居民对旅游的参与意愿和期望是较高的，因为古镇是他们的生活空间，是其家园所在，他们有强烈的自我认同感和整体意识。当今,对于居民旅游参与模式可以总结为以下类型:个别参与、组织参与、大众参与。

① 个别参与:这是南阳古镇处于旅游发展初期阶段,缺乏相应的旅游服务设施,旅游规模小,游客与居民交互较少。居民是被动参与阶段,参与形式主要表现为自发提供住宿、餐饮服务,盈利意识不强。南阳古镇至今仍有这样的店家为游客提供简便的旅游服务。

② 组织参与:随着南阳旅游知名度逐渐提升,游客规模不断增加,居民参与形式表现为自发建造商业设施,有组织地为游客提供手工艺品、土特产等商品和导游、景区交通等服务。居民在旅游发展过程中,对旅游的正面经济影响感知增强,对当地的文化自豪感增强,有较强的参与意愿,逐渐获取经济收益。目前,南阳古镇的大部分居民都属于组织参与模式。

③ 大众参与:在旅游经济效益不断提高的时候,带来的社会文化和环境的负面影响日益凸显,当地的民风民俗和生活方式受到冲击,噪音、垃圾、人口拥堵等引起的环境问题开始显现。居民参与形式由简单的旅游经济服务到参与旅游机构的组织经营管理。这种参与模式是南阳古镇正在逐步推行的旅游参与方式,南阳古镇旅游管委会和微山县南阳旅游公司等管理部门听取居民的意见和建议,共同为南阳的旅游发展出谋划策。

相比国内较为成熟的古镇旅游发展经验,南阳古镇的未来旅游发展还将经历居民全面参与的阶段。南阳人最终将以维护古镇传统文化和保护环境为自身责任,自觉参与到旅游发展和古镇振兴中。

后 记

2017年的第一天，回想最初与南阳古镇的邂逅，到如今的相识相知，已有10年光阴。人生有几个10年？但我们亲自经历并见证了南阳古镇由最初被遗忘的运河遗珠，到今日重放异彩的中国历史文化名镇，可以说这是我们人生中最大的收获。

南阳古镇中的每一条街巷，每一座建筑，每一寸草木，和穿镇而过的老运河，都在默默见证着古镇的变化。随着保护和发展工作的进行，南阳人的生活也在发生改变……如今，古镇居民更加热爱这块土地，也希望古镇以外的人来认识他们的运河文化，关注他们的家乡发展，享受他们的渔家生活。

经过一年多时间的资料收集和撰文编写，在书稿完成之际，不禁感慨万千。首先感谢阮仪三先生，在阮先生的亲自主持下，10年前编制完成了《微山县南阳古镇保护与旅游发展规划》，从而确定了南阳古镇正确的保护与发展方向，才有了今日蓬勃发展的南阳古镇。在本书的写作过程中，先生一次次悉心指导，令我们茅塞顿开，明白了书稿完善的方向。

在本书的编写出版过程中，得到微山县委县政府、南阳古镇旅游管委会、南阳镇党委政府、南阳镇旅游公司的鼎力相助，在此深表谢意。同时深深感谢顾军先生、张峰先生、刘迎水先生给予的无私帮助和有益建议。

还要感谢东方出版中心领导对本书价值的认可，感谢戴欣倍编辑为本书付梓出版所付出的辛劳和努力；感谢同济大学国家历史文化名城研究中心、上海同济城市规划设计研究院的大力支持；感谢上海同增规划建筑设计事务所有限公司的设计师们10年来坚持不懈的记录、调研、规划和研究，尤其要感谢李文墨博士、杭剑镜老师的辛勤付出，他们为南阳古镇的发展倾注了大量心血。

最后，深深感谢南阳古镇朴实的百姓，他们的衣食住行、他们的生产劳作与大运河一起生动地述说着古镇的昨天、今天和明天。他们的幸福生活，是我们前行最大的动力！

姚子刚、庞艳

2017年1月

参考文献

210

1. 陈薇等：《走在运河线上——大运河沿线历史城市与建筑研究》，中国建筑工业出版社，2013年。

2. 吴晨：《京杭大运河沿线城市》，电子工业出版社，2014年。

3. 李泉、王云：《山东运河文化研究》，齐鲁书社，2006年。

4. 王云：《山东运河区域社会变迁》，人民出版社，2006年。

5. 李仲信：《山东民居地域特色研究》，山东大学出版社，2014年。

6. 《江苏古镇保护与旅游发展研究》课题组：《江苏古镇保护与旅游发展研究》，东南大学出版社，2014年。

7. 孙宝明、程相林：《中国运河之都高层文化论坛文集》，山东人民出版社，2007年。

8. 刘迎水：《追寻南阳岛》，济宁市新闻出版局，2011年。

9. 阮仪三、袁菲、葛亮：《新场古镇——历史文化名镇的保护与传承》，东方出版中心，2014年。

10. 严国泰：《历史城镇旅游规划理论与实务》，中国旅游出版社，2005年。

11. 张松：《历史城市保护学导论：文化遗产和历史环境保护的一种整体性方法》，上海科学技术出版社，2001年。

12. 阮仪三、王景慧、王林：《历史文化名城保护理论与规划》，同济大学出版社，1999年。

13. 俞孔坚：《理想景观探源——风水与理想景观的文化意义》，商务印书馆，1998年。

14. 芦原义信：《外部空间设计》，尹培桐译，中国建筑工业出版社，1985年。

15. 李秋香、罗德胤、贾珺：《北方民居》，清华大学出版社，2010年。

16. 王昀：《传统聚落结构中的空间概念》，中国建筑工业出版社，2009年。

17. 朱萌、卜庆华、席会东、刘婷婷：《运河全图》，中国地图出版社，2011年。

18. 刘冠男、丁寿颐：《运河衰退地区小城镇复兴策略研究》，载《小城镇建设》，2013年第3期。

19. 剑君：《微山湖渔俗》，载《民俗研究》，1993年第4期。

20. 张强：《京杭大运河中心城市的形成与辐射》，载《运河文化研究》，2008年第1期。

21. 吕卓民：《运河文化遗产的保护与开发》，载《西北大学学报》，2008年第3期。

22. 郝春玲：《京杭大运河文化生命的延续》，载《内蒙古师范大学学报》，2006年第6期。

23. 狄华：《梦回水乡》，载《科技与经济画报》，1997年第6期。

24. 刘英：《微山 湿透心灵的地方》，载《时代文学》，2012年第12期。

25. 北寒：《微山湖 静悄悄的渔家曲子》，载《旅游世界》，2013年第9期。

26. 卢云龙、张楠：《基于旅游形象的古镇景观规划研究——以南阳古镇为例》，载《转型与重构——2011中国城市规划年会论文集》，2011年9月。

27. 周长积、张柔祉、袁雅芃：《微山南阳古镇的保护与利用研究》，载《中华民居》，2013年第9期。

28. 刘金花：《南阳古镇旅游开发规划研究》，载《小城镇建设》，

2003年第12期。

29. 李博：《南阳：千年古镇水韵犹存》，载《走向世界》，2014年第10期。

30. "山东省非物质文化遗产的当代价值和保护、开发对策研究"课题组：《山东省非物质文化遗产的特点和当代价值分析》，载《淄博师专学报》，2010年第3期。

31. 张雪：《非物质文化遗产保护与中国传统文化传承研究》，载《赤子》，2016年第19期。

32. 武廷海：《微山运河古镇"一河三城"格局的形成与发展研究》，载《建筑史》，2016年第2期。

33. 赵鹏飞：《山东运河传统建筑综合研究》，天津大学博士学位论文，2013年。

34. 杨静：《京杭大运河生态环境变迁研究》，南京林业大学博士学位论文，2012年。

35. 魏方：《基于空间整合的运河古镇改造模式研究——以山东微山为例》，清华大学硕士学位论文，2010年。

36. 刘运珍：《乡土景观元素在古镇景观设计中的应用研究——以南阳古镇为例》，山东艺术学院硕士学位论文，2014年。

37. 郭文娟：《京杭大运河济宁段文化遗产构成和保护研究》，山东大学硕士学位论文，2014年。

38. 汤莹瑞：《文化遗产展示规划和设计初探——以历史文化名城洛阳和重庆为例》，重庆大学硕士学位论文，2013年。

内部资料

39. 《微山县南阳古镇保护与旅游发展规划》（评审稿），2008年。

40. 《南阳历史文化名镇保护规划》（评审稿），2015年。

41. 《微山县南阳镇总体规划》（中期稿），2016年。

图书在版编目（CIP）数据

  南阳古镇：历史文化名镇的保护与发展/姚子刚，庞艳著.
– 上海：东方出版中心，2017.4
  （文化遗产保护与城市规划丛书）
  ISBN 978-7-5473-1099-1

  Ⅰ.①南… Ⅱ.①姚… ②庞… Ⅲ.①乡镇－文化遗产－保护
－南阳 Ⅳ.①K296.15

  中国版本图书馆CIP数据核字(2017)第056123号

南阳古镇

姚子刚　庞艳 著

策划/责编　戴欣倍
书籍设计　陶雪华
责任印制　周　勇

出版发行：东方出版中心
地 址：上海市仙霞路345号
电 话：021—62417400
邮政编码：200336
经 销：全国新华书店
印 刷：上海书刊印刷有限公司
开 本：890×1240毫米　1/32
字 数：188千
印 张：7.25
版 次：2017年4月第1版第1次印刷
ISBN　978-7-5473-1099-1
定 价：52.00元